AF403557

LETTRES

DE

MADAME LA PRINCESSE

DE GONZAGUE.

LETTRES

DE

MADAME LA PRINCESSE

DE GONZAGUE

SUR

L'ITALIE, LA FRANCE, L'ALLEMAGNE ET
LES BEAUX - ARTS.

NOUVELLE ÉDITION

CORRIGÉE ET AUGMENTÉE.

TOME SECOND.

À HAMBOURG,

CHEZ P. F. FAUCHE IMPRIMEUR ET LIBRAIRE 1797.

LETTRES

DE MADAME

LA PRINCESSE DE GONZAGUE

SUR L'ITALIE, LA FRANCE, L'ALLEMAGNE ET LES
BEAUX-ARTS.

LETTRE I.

A monsieur de . . . à Marseille.

De Gênes, 25 octobre.

En arrivant ici, nous avons trouvé la ville
et les habitans sans dessus dessous par l'arrivée du roi et de la reine de Naples. Je
ne croyois point que les rois fissent autant de
sensation dans une république. Celle-ci,
en dépit de sa liberté, a courtisé, fêté, en-
censé ceux-ci jusqu'à l'adoration. Ces fêtes
l'ont emporté sur toutes celles que l'on
donnoit autrefois aux dieux; mais j'avoue

que l'illusion m'en a bien plus charmée que la réalité. Les peintures qui ornent les galeries et les appartemens des palais où se donnoient ces fêtes, sembloient, à la faveur de ces nuits brillantes, sortir de la toile, et étoient bien plus animées, plus parlantes et plus aimables que tous ceux qui se trouvoient là pour le paroître.

Rien de plus charmant que la fête champêtre que le marquis de Lomelino a donnée avant-hier dans sa maison de plaisance. Mais voulant fêter la royauté, et conserver la liberté et l'égalité républicaine, il y amena la confusion; et au lieu d'une fête royale, ce ne fut qu'une fête populaire.

Le jardin où les enchantemens se succédoient, et où l'on vouloit ménager des surprises à la reine, ne la surprit que par la licence d'une populace hardie qui la fouloit, et dont elle a été très-incommodée. Cependant le brillant et la gaieté du bal, la musique répétée par les échos d'alentour, un repas champêtre servi au milieu du jardin, où un soleil artificiel pénétroit jusque dans les plus sombres retraites: tout a fait oublier la confusion d'auparavant.

L'illumination du port qui a suivi, a été vraiement magique. En un clin-d'œil, et comme par un coup de baguette, il a été changé en un théâtre de feu de mille couleurs, dont le reflet dans la mer offroit une seconde illumination plus frappante encore.

Hier le roi donna un grand dîner sur sa frégate. Je ne vous dis rien de la somptuosité du repas, chose ordinaire à de tels personnages; mais ce qui ne l'est point, c'est la gaieté qui y régna. Nous mangeâmes au son de la musique, et bûmes au dessert, au bruit du canon; et au signal du roi qui se leva, le verre à la main, le canon tira; et l'on porta la santé de la reine. La république reconnoissante lui présenta, le soir, le coup-d'œil d'un jardin en illumination au bord de la mer. Les feuillages des arbres, leurs couleurs, leurs nuances étoient parfaitement imitées, et presque aussi belles que celles de la nature; au bout de ce jardin s'élevoit un pavillon, sanctuaire destiné aux divinités du moment. L'architecture en étoit formée avec de la mousseline, sur laquelle se jouoient des guirlandes de fleurs naturelles; et des colonnes d'or en soutenoient la

4

coupole. En perspective de ce pavillon
étoit un temple de feu, mais sans divinités; on auroit dû y placer Plutus, seul dieu
des Génois.

Voilà, chemin faisant, une assez brillante rencontre. Les augustes voyageurs
partent ce soir, et nous demain.

Vous me demandez si les amitiés, les
bontés de la reine pour votre amie ont
été les mêmes? Oui: l'absence influe moins
sur ces grands personnages que sur les
êtres ordinaires. Le peu de part que leur
ame prend à la variété des scènes de la vie,
empêche les premières impressions de s'effacer en eux. Ainsi, à la honte des mortels,
votre amie n'a trouvé dans cette reine
aucun changement, aucune inconstance.
On a exigé qu'elle différât son départ pour
la France; et les préférences, les caresses,
les louanges qu'on lui a prodiguées, ont
fait faire la mine aux petites reines de
Gènes.

Ne croyez pourtant pas qu'au milieu de
cette atmosphère parfumée, mon cœur vous
ait perdu un seul instant de vue. Adieu.

LETTRE II.

Au cardinal Durini à Monza.

De Milan, ce 3 décembre.

Monseigneur,

Nous venons de traverser des montagnes, de franchir des précipices, des torrens, de braver les orages, pour venir chercher une réponse qui ne venoit point, et que nous attendions depuis long-temps. Tous ces dangers ont rendu le désir de vous voir plus vif, et n'ont donné que plus d'énergie à notre amitié. Votre paresse ne nous a pas même refroidis; car vous savez rendre véniel un péché mortel, et votre présence effacera toute faute.

L E T T R E III.

Au même, à Monza.

De Milan, ce 10 décembre.

Monseigneur,

Les obstacles qui nous ont empêchés de vous voir, m'ont donné bien de l'humeur. L'espérance de vous trouver à Milan m'avoit fait supporter avec patience toutes les rigueurs des Alpes. Cette espérance n'a été qu'une agréable illusion. Nous partons sans avoir vu votre Eminence; mais en pensant à la peine que j'aurois eue de la quitter, je lui pardonne son indifférence.

LETTRE IV.

Au même, à Milan.

De Turin, le 18 décembre.

Je vous poursuis, monseigneur, et je vous poursuivrai jusqu'à ce que j'aye vu votre Eminence. L'humeur de ne vous avoir pas vu à Milan dure encore; cette humeur, il est vrai, n'est pas malfaisante; mais elle s'est arrêtée au cœur; et voilà pourquoi elle est si tenace et si difficile à détruire.

Votre Eminence a fait, pour me distraire de son absence, ce que font les nourrices pour appaiser les pleurs de leurs nourrissons; elles les endorment par des chansons. Je me suis endormie aussi au chant mélodieux du Dataire que vous m'avez envoyé; mais, dans mes rêves, vous étiez toujours à votre abbaye; je ne vous voyois point, et mon humeur continue.

LETTRE V.

A madame la marquise de Rangoni à Marseille.

Du Pont de Beauvoisin, le 26 décembre.

Tendre mère,

Tranquillisez - vous; nous avons enfin quitté les éternelles montagnes de la Savoie et le redoutable Mont - Cénis. Ce Mont - Cénis, qui dans le printemps offroit des points de vue si variés, si agréables, ne présente aujourd'hui qu'un désordre effrayant. O combien l'hiver transforme et défigure la nature! je suis encore effrayée de son aspect. Figurez - vous des montagnes toutes blanches de neige, et dont la cime se confond avec les nues; des brouillards épais cachant l'horizon à nos yeux, et d'où tombe la neige à grands flots; le ciel sombre et ténébreux; les arbres, les plantes, le gazon, toute la nature couverte d'un voile blanc et d'une seule couleur: uniformité triste qui jetoit mon ame dans une espèce de stupeur, dont elle ne sortoit qu'au bruit

épouvantable des torrens qui se précipi-
toient du sommet des montagnes dans les
abymes les plus profonds.

Nous étions dans des espèces de chaises à porteurs, couvertes de toile cirée; et
nous grimpions autour de la montagne par
un chemin escarpé, caché par la neige, et
bordé de précipices. Arrivés au sommet,
nous nous sommes trouvés dans une immense plaine, où sont par ci par là quelques cabanes de pasteurs. Nous sommes
entrés dans une des ces cabanes pour nous
chauffer; car le froid nous avoit rendus
immobiles. L'on a mis ensuite nos chaises
sur des traîneaux; et nous avons roulé ainsi
du haut en bas de ces énormes montagnes,
par un chemin perpendiculaire élevé sur
des abymes. La rapidité de la course
m'effrayoit; et je faisois de temps en temps
arrêter le traîneau. Ma situation ressem-
bloit à celle d'un enfant qui ferme les
yeux à la vue d'un objet qui lui fait peur, et
qui, par un mouvement involontaire, les
ouvre en tremblant. Mon imagination et
ma raison étoient saisies d'épouvante. Ce
désordre de la nature m'en avoit éloignée;
je la cherchois, je me cherchois moi-même;

cette espèce d'absence tenoit mes sens dans un morne silence, et rendoit mon existence presque nulle. Enfin, je ne suis sortie de cette singulière situation qu'en revoyant la campagne verdoyante, les bergers, et les troupeaux bondissans. Tous ces objets de vie ont ranimé mon existence; et m'ont rendue à la nature.

Adieu, ma tendre mère; je vous embrasse comme si j'étois près de vous, et mon respect est aussi vif que ma tendresse.

LETTRE VI.

A. M. de . . . à Marseille.

De Lyon, le 18 janvier.

Ah! qu'ai-je vu! ciel! quel tableau! J'en suis encore tout émue. C'est le sacrifice d'Iphigénie par *Jules Romain;* celui de Timante étoit-il plus beau? En l'admirant les larmes couloient de mes yeux. Le sacrificateur a déjà levé le poignard sur le sein de la victime. On voit dans toute son attitude l'abandon de la vie; ses bras pendans ont l'immobilité de la mort; mais c'est dans la tête surtout qu'on admire l'expression sublime de la douleur, et d'une terreur qui lui en ôte jusqu'au sentiment. Son front livide conserve encore la noble candeur de l'innocence. Sur ses yeux est ce voile avant-coureur de la mort. A la pâleur extrême ont succédé ces ombres lugubres qui enveloppent les traits d'un être mourant; ses lèvres ont cessé d'étre pâles; la mort qui déjà circule dans ses veines, les a noircies par son souffle empoisonné. Enfin, la terreur des approches du trépas est si fortement exprimée dans toute la figure d'Iphigénie, qu'une partie de ce qu'elle souffre a passé dans mon ame; et j'allois crier au bourreau de finir son supplice et le mien.

Iphigénie est belle; mais sa beauté ne touche plus, elle afflige.

Les villes et villages que l'on rencontre de Turin à Lyon ne méritent pas qu'on les nomme; on n'est point dédommagé par les beautés de la nature; je l'ai trouvée un peu monotone. Ce ne sont plus ces agréables campagnes de l'Italie, qu'elle semble avoir pris plaisir de parer, et·qui charment le voyageur, et le font rêver délicieusement; ce ne sont que des plaines qui me laissent toujours à ma place.

Lyon est dans une situation ravissante; le côteau qui l'entoure en amphithéâtre, couvert d'habitations champêtres; la Saône et le Rhône qui tantôt s'unissent, tantôt se séparent, et semblent être en continuelle rivalité pour parer la ville et fertiliser la campagne; les points de vue variés et pittoresques que présente ce tableau, sont vraiment enchanteurs.

Mais la ville ne répond point à la beauté de sa situation. L'intérieur est mal bâti; les rues en sont étroites, obscures et sales. Le quai du Rhône, la place de *Belle - cour* et quelques édifices sont les seules beautés de Lyon.

La magnificence de l'hôtel - dieu est édifiante, et honore cette ville; la douleur et la misère peuvent se dire en y entrant: *Ici on respecte le malheur, puisqu'on lui donne une hospitalité si honorable.*

L'hôtel de ville, autre édifice magnifique, renferme plusieurs monumens remarquables. On y trouve sur une table d'airain la harangue que l'empereur *Claude* fit au sénat de Rome en faveur des Lyonnois, et un autel ou l'on sacrifioit à là déesse Cybèle.

On y voit l'embrasement de la ville sous l'empire de *Néron,* peint d'une grande manière par *Thomas Blanchet;* on lit, au bas de ce tableau, le mot de Sénèque sur ce terrible événement.

Voulez - vous voir les restes de cette ancienne colonie romaine? montez sur le côteau qui environne la ville; vous trouverez des minimes logés dans l'amphithéâtre où ces peuples s'assembloient. Ces idolâtres ne se doutoient guère qu'un jour des moines viendroient y occuper leur place. Près de là, on voit des restes d'acqueducs et d'autres ruines informes dont je ne devine pas l'origine.

La promenade du *Perrache* est un ouvrage digne des Romains; on a fait reculer l'indomptable *Rhône,* pour élever à sa place une superbe allée de peupliers qui portent fièrement leurs têtes jusques aux nues; on s'y promène l'espace d'un mille, ayant le Rhône d'un côté et la Saône de l'autre, qui coulent lentement entre de belles prairies et un riant côteau.

Lyon mériteroit une description plus étendue, mais je n'ai pas le temps de vous la faire; nous partons ce soir pour le Languedoc. Je me suis dérobée un instant aux embarras du départ pour vous peindre mon enthousiasme pour ce rare tableau, de crainte qu'en différant, ma tête et mon cœur ne se refroidissent. Prenez garde que l'absence ne produise cet effet sur vous.

Adieu, aimable ami; soyez toujours coquet, toujours frivole, puisque cela ne vous empêche pas d'être constant et profond quand vous le voulez.

LETTRE VII.

De Mr de . . . . de Marseille.

A madame la princesse de Gonzague à Montpellier.

Marseille, le 20 février.

Madame,

Je craignois bien que vous ne m'eussiez oublié, et que ces promesses de m'écrire sur lesquelles je comptois, ne s'évanouissent dans de plus grandes occupations. Mais la lettre que j'ai reçue depuis peu de jours de Lyon, m'a fait le plus grand plaisir ; le génie élevé et l'esprit agréable qui y brillent d'un bout à l'autre, la rendent digne de vous ; et je ne trouve en moi que le zèle et l'admiration que vous m'avez toujours inspirés, qui me la fassent mériter. Le tableau que l'on pourroit faire d'après la description de celui d'Iphigénie, ne seroit sans doute pas moins beau que celui de *Jules Romain. Ces ombres lugubres qui enveloppent les traits de cette princesse ; ces lèvres qui ont cessé d'être pâles ;*

la mort qui circule dans ses veines, les ayant
déjà noircies par son souffle empoisonné, nous
donne l'idée la plus vive et la plus énergique de ce chef-d'œuvre. Si l'image est
sur la toile, l'expression est à vous; et
c'est-là une espèce de création aussi sublime que celle du peintre.

Je n'ai point d'aussi agréable description à vous offrir. Vous savez quelle misère nous afflige: il me souvient d'ailleurs, il
vous souvient peut-être aussi de mon in-
fériorité, lorsque j'ai été assez hardi pour
vouloir vous imiter; et si quelque trait
heureux pouvoit me faire honneur, je vous
en devrois l'hommage, puisque c'est vous
qui me l'inspiriez. Mais quand j'aurois
sous les yeux et les tableaux des grands
peintres et les temples des dieux à décri-
re, l'espoir de briller seroit sans doute sacrifié au désir qui m'a agité et m'agite
depuis votre départ, de savoir des nouvelles de vous et de tout ce qui est à vous;
c'est-à-dire de votre époux, de votre
santé, de vos plaisirs et de vos occupations;
et je regarderai toujours comme l'époque de
ma vie la plus heureuse, celle où le génie
assez stérile que m'a donné la nature, pre-

noit une sorte de vie, et s'échauffoit aux rayons de tout celui qu'elle vous a prodigué, et qu'elle a uni à des vertus et à des grâces dont il n'est pas toujours accompagné. J'attendrai donc (non sans impatience), que vous entriez avec moi dans quelques détails sur ce qui vous regarde, sur cette capitale si célébre où vous allez vous rendre. Tout cela ne m'intéresse cependant que par rapport à vous; vous, pour qui mon enthousiasme ne doit cesser jamais, puisque les raisons de cet enthousiasme ne sont fondées sur rien qui soit fragile et sujet à l'inconstance.

Votre esprit et votre ame sont toujours en action. Vous ne sauriez voir aucun objet avec indifférence; et s'il n'a pas été possible de rendre agréable la route que vous avez parcourue en quittant l'Italie, la comparaison de l'ennuyeuse monotonie des chemins avec les délicieuses campagnes d'Italie la fait pardonner, puisqu'elle nous vaut des souvenirs si agréablement exprimés. C'est une idée charmante que celle de la Saône et du Rhône, *qui tantôt s'unissent, tantôt se séparent, et qui semblent être dans une continuelle rivalité pour parer la ville et fertiliser la campagne.* Vous pourriez apprendre aux Lyonnois à voir leur ville, et jamais vous ne l'auriez appris d'eux.

Nous possédons ici monsieur le Gros, qui doit laisser l'opéra de Paris désert. La foule qui va l'entendre est inexprimable. Je comprends bien que cela doit étonner une tête italienne. J'ai osé lui trouver des défauts; mais livré à mon ignorance sur la musique, et sans espoir d'être soutenu par vos réflexions, je cède, et je ne suis plus qu'un mouton qui va avec les autres.

Voilà une lettre bien longue, madame. J'ai payé des traits de feu et de génie par des raisonnemens qui ne sont pas de la même famille; je n'ai pas été cependant sans adresse, puisque j'ai trouvé le moyen d'embellir ma lettre par des citations de la vôtre. Au reste, je n'aspirerai jamais à la gloire de briller auprès de vous; je serai content de l'honneur de connoître ce qui vous rend supérieure à toutes les femmes; mon enthousiasme ne diminuera

jamais, dussé-je ne vous pas croire entièrement sur la coquetterie, car c'est l'attribut indélébile du sexe; et ce défaut, si
c'en est un, il faut le chérir, et ne point
penser à le perdre.

J'ai l'honneur d'être avec respect etc.

LETTRE VIII.

A Mr de . . . . à Marseille.

De Lyon, le 3 mai.

Nous voici de retour du Languedoc, et assez heureusement arrivés pour la saison, je veux dire, sans chaleur ni poussière. La pluie avoit rafraîchi l'air, et animé la campagne dont la verdure étoit éblouissante; le charmant spectacle du printemps m'a un peu distraite de l'ennui des routes.

Cette province offre un riche tableau, mais point riant: le mélancolique olivier lui donne je ne sais quoi de triste.

Nimes et Montpellier sont d'une construction ignoble, tant par leurs rues étroites, tortueuses et sales, que par l'aspect mesquin de leurs édifices. Dans la première de ces villes, les habitans ne paroissent occupés qu'à chausser les gens; et dans la seconde, qu'à abréger la vie en voulant la prolonger. Esculape y rend des oracles que le hasard, plus que la science, vérifie quelquefois.

L'extrême malpropreté, l'infection de

.cette ville, et ses parfums de fleurs et d'a-
romates forment un contraste bizarre pour
les yeux et pour l'odorat. Au reste, ces
deux villes ont l'une et l'autre des promenades qui feroient l'ornement d'une
capitale.

Celle de Nîmes surtout est enchanteresse. Elle ressemble à l'île de Paphos :
ce sont des bains antiques dont on a conservé la forme, et qu'on a métamorphosés
en jardin de la manière la plus ingénieuse. Ce jardin est dans une île délicieuse,
environné d'un canal limpide, dont l'architecture et la sculpture ont décoré l'en-
ceinte. On y trouve un temple qui montre
encore dans ses ruines sa première beauté.

En voyant l'amphithéâtre, le goût est
choqué d'en trouver l'arène masquée et
comblée, pour ainsi dire, par les masures
qui la remplissent, ce qui annonce la barbarie du pays qui possède cet édifice. Ce
beau monument seroit une école d'architecture pour une ville qui voudroit s'embellir. Il est à-peu-près dans le même
état que celui de Vérone, et je le crois de
la même grandeur.

La *maison carrée*, autre monument précieux, est certainement des beaux siècles des arts. Il n'y a rien de mieux à Rome parmi ses majestueuses ruines, ni de mieux conservé. Son extérieur subsiste en entier; c'est un temple environné de colonnes corinthiennes, et orné de sculptures de la plus belle exécution, auxquelles le temps n'a pas touché; mais l'architecte moderne qui dans l'intérieur a bâti une église, n'est qu'un maçon qui a fait d'un temple consacré aux faux dieux, une mesquine chapelle au vrai dieu.

LETTRE IX.

A Mr de la Mure, médecin à Montpellier.

De Lyon, 15 mai.

Les anciens moins ingrats et plus justes que nous, idolâtroient le génie, la science, et les déifioient. Si vous eussiez existé il y a deux ou trois mille ans, du temps d'Esculape, vous et lui auriez surement donné lieu à une grande dispute. Quelqu'un enfin élevant la voix, eût dit: Celui qui a étudié la nature et qui la sait par cœur, doit avoir la préférence, et sera désormais le dieu de la médecine, la vérité de sa science étant fort au dessus des prestiges que son rival met à la place de la vérité. Alors la voix unanime eût fait votre apothéose, et auroit fort bien fait. Mais je serois très-fâchée pour notre siècle, et surtout pour moi, que vous eussiez existé alors; n'ayant jamais eu de confiance en votre art, que depuis que j'ai vu que vous en puisez les principes et les règles dans la nature morale, et que pour guérir le corps, vous voulez connoître l'ame. Cette marche infaillible, et qui est celle du génie, vous a fait opérer des prodiges qui ne sont, pour vous, que l'effet naturel de votre savoir. Enfin, lorsqu'on est parvenu à ce degré de science et de lumière, on est non seulement un grand médecin, mais un grand philosophe.

Recevez, monsieur, les témoignages de mon admiration et de mon attachement.

LETTRE X.

A Mr l'abbé de .... à Naples.

De Lyon, 16 juin.

Je suis partie de Naples avec une peine
de vous quitter, que l'absence ne sauroit affoiblir. Je regretterai toujours ce
don Benedetto dont l'esprit est si bien
d'accord avec le cœur, et ses conversations qui étoient des drames comiques, où
l'on voyoit d'après nature les foiblesses et
les ridicules des hommes, et où l'on pouvoit se corriger en riant.

Si quelque jour nous nous rencontrons
dans les champs Elysées, je vous dirai: Hé
bien, *don Benedetto!* avouez que nous avions
bien raison, lorsqu'à Naples nous combattions *) ces trois philosophes qui vouloient nous ôter à vous et à moi l'espérance de nous revoir ici. Où sont à présent
ces philosophes et leurs systèmes, où sont-
ils? Alors vous me répondrez (car vous
serez initié aux mystères de l'éternité,)

---

*) Nous combattions le matérialisme, car il étoit enco-
re permis alors de croire en Dieu.

vous me répondrez: Ah ma chère ombre! les philosophes et leurs systèmes se sont dissipés comme la rosée et le brouillard du matin à l'approche du soleil.

La catastrophe *) qui vient de faire disparoître toute la Calabre, est un terrible exemple de l'instabilité des choses humaines, et qui fait bien voir que le monde que nous habitons n'est qu'une lanterne magique, et l'homme qui y figure avec tant d'orgueil, le plus foible, le plus misérable des êtres. L'ame frémit et tombe dans la stupeur à l'idée de ces grandes scènes de la nature, qui sont les tragédies de l'humanité. Que deviendroient nos prétendus philosophes, ces esprits-forts qui croient la maitriser, et prennent si souvent pour elle les rêves de leurs cerveaux! Que deviendroit leur caquet philosophique, en voyant la terre trembler, les villes disparoître, les montagnes s'affaisser, les rivières s'arréter, la mer immobile ou se renversant sur elle-même, le soleil annonçant le deuil lugubre de la nature, les

*) On veut parler ici des tremblemens de terre arrivés en ce temps-là en Sicile, et qui détruisirent la ville de Messine et une grande partie de la Calabre.

animaux épouvantés fuyant une terre désolée; enfin, des millions de victimes s'attachant à la terre qui s'entr'ouvre, aux arbres qui vacillent, levant au ciel des mains
tremblantes, lui demandant à grands cris
leurs pères, leurs mères, leurs époux, leurs
enfans expirans sous les ruines ou dans les
abymes! Que deviendroient ces philosophes
au milieu de pareilles catastrophes! Ah! la
connoissance de leurs foiblesses les feroit
peut-être retourner à la nature et à son
auteur; ils deviendroient hommes; et c'est
alors qu'ils seroient vraiment philosophes.

LETTRE XI.

A Mr le duc de Belfort, à Naples.

De Lyon, 22 juin.

J'aurois bien envie de vous bouder, monsieur le duc; mais je fais comme ces amans piqués qui oublient leurs ressentimens au moindre accident que leurs maîtresses éprouvent.

Les calamités de votre patrie réveillent aussi mon amitié pour vous, et me font désirer impatiemment de vos nouvelles.

Que pense votre philosophie de ces fureurs de la nature qui en un instant détruisent toutes ces créations?

Voilà, monsieur le duc, un grand sujet pour votre brillante imagination. Votre plume poétique dont le coloris fin et délicat sait peindre avec tant de grâce et de vérité la nature belle et paisible, doit s'exercer aujourd'hui à la représenter dans toutes ses fureurs. La poësie en est le peintre flatteur; son pinceau tour-à-tour fier et gracieux sait la rendre intéressante, soit qu'il la montre parée de tous ses charmes, soit qu'il la représente dans toutes ses horreurs. C'est surtout lorsque ce pinceau est conduit par une imagination telle que la vôtre, que les tableaux pleins de vie portent l'illusion à son comble.

Adieu, monsieur le duc; soyez persuadé que l'absence ne sauroit affoiblir mon amitié ni mon admiration pour l'Apollon de la belle Parthénope, et du Pausilype, *) terre poëtique, où les cendres de Virgile fécondent les grands poëtes.

*) La maison de campagne de ce duc est au pied du Pausilype, à côté du tombeau de Virgile.

LETTRE XII.

A Mr Guénaud de Montbeillard, à Montbar.

De Lyon, 26 juillet.

Mon mari, en m'inspirant son enthousiasme pour vous, m'a donné toutes ses inquiétudes. Je suis donc bien triste, bien affligée de votre état. Je ne querelle pas, comme lui, la nature, que je ne cesse au contraire d'admirer dans sa plus belle production, qui est le génie; mais je gémis pourtant en voyant assujetti à toutes ses lois le plus précieux de ses ouvrages.

Je vous rends grâce de votre agréable invitation, et de toutes les choses sensibles qui l'accompagnent. J'aurois dû le faire plutôt, sans doute; mais lorsque je reçus votre lettre j'étois si malade, si accablée, et par conséquent si sottement occupée de moi-même, que ma sensibilité pour vous n'eût paru qu'à moitié.

Je ne répète point tout ceci à madame de Montbeillard, car le mari et la femme quelquefois ne sont qu'un.

LETTRE XIII.

A madame de Montbeillard, à Montbar.

De Lyon, 28 juillet.

Madame,

Je suis bien touchée de l'hospitalité que vous nous offrez dans cette prétendue cabane qui deviendroit pour nous le temple de l'amitié, où nos cœurs feroient sans cesse des vœux en faveur de ceux qui l'habitent.

Nous sommes toujours fort inquiets sur la santé de monsieur de Montbeillard. Il me semble voir d'ici qu'il ne s'en occupe point assez. Cette négligence est le défaut de presque tous les grands génies; ils regardent le corps avec ce mépris qu'a toujours l'esprit pour la matière; et dédaignent la vie présente pour une vie plus étendue et plus digne d'eux. Cependant, cette insouciance afflige, désole ceux à qui ils sont chers. Je me joins donc à vous,

madame, pour conjurer monsieur de Montbeillard de conserver une vie si belle et si
précieuse à ses amis. Dites-lui que si la
philosophie apprend à n'en pas être l'esclave, elle ne veut pas non plus que l'on
offense la nature par un dédain coupable.
Mais est-ce à une écolière à donner des
leçons à un grand maitre? Il n'y a que le
cœur qui puisse prendre pareille licence.

LETTRE XIV.

A madame de . . . . à Lyon.

De Lyon, 5 octobre,

Je suis désolée de vous accabler par les détails ennuyeux et frivoles de ma toilette. En vérité, la peine que nous prenons pour plaire nous coûte trop. En plaisant moins serions-nous plus malheureuses? Je crois que je finirai par prendre ce parti, en m'abandonnant tout simplement à la nature; car les sauvages me font envie; et il y a long-temps que je leur trouve plus de bon sens qu'à nous. Mais pour vous, madame, quelque parti que vous preniez, vous remplirez toujours le but de votre sexe, et celui de la nature qui voulut, en vous formant, que vous ne fussiez parée que par elle seule.

Donnez donc votre coup de baguette pour que la coquette de gaze *) soit faite à l'instant, car nous allons partir. Cette coquette n'est pas pour en cacher une autre, mais pour prévenir l'inconstance de l'air.

*) Espèce de coëffure négligée,

Tome II.   C

Je voudrois bien vous faire boire dans l'urne *) que je vous envoie, de ce fameux nectar qui rendoit les hommes immortels, et divinisoit les belles femmes comme vous.

*) C'étoit une urne antique.

LETTRE XV.

A la même.

En route, le 10 octobre.

J'ai le cœur tout malade de notre sépara-
tion. Plus je m'éloigne, plus je la sens. Je
ne vous dirai rien de notre reconnoissance; vous êtes si délicate! Je me tais donc
malgré moi; car la sensibilité, l'humanité
sont en vous des vertus si naturelles, et
qui font tellement partie de vous-même,
que vous louer, c'est bénir la nature.

Nous ne cessons de parler de vous,
de votre digne époux. Nous répétons à
chaque instant: Quelles ames! quel tableau
respectable et touchant de la félicité conjugale! Oui, vous êtes aussi unis dans nos
cœurs que vous l'êtes par l'hymen.

Que je suis fâchée d'être partie hier!
Un enfant *) qui vient de naître nous empêche d'aller. Point de chevaux aux postes. Je me suis levée à quatre heures du

*) C'étoit un prince de France.

matin, et nous voici plantés dans le plus vilain endroit du monde. Voilà un enfant qui a bien peu de rapport avec l'Amour, quoiqu'il soit né d'une mère aussi belle; l'un a des ailes, et ne fait que voler; l'autre ne veut pas seulement que l'on marche.

Les lettres qu'on va lire sur Paris
ont été écrites avant la révolution de France.

L E T T R E XVI.

A Mr de . . . . à Marseille.

De Paris, le 5 novembre.

Que dites-vous de nos courses vagabon-
des? Ne nous trouvez-vous pas quelques
rapports avec ce héros troyen issu du sang
des dieux, qui échappé au désastre de sa
patrie, erroit de mers en mers, de climats
en climats, bravoit les tempêtes, pour aller
fonder un empire dont la capitale est encore digne de son origine céleste? Enée
fuyoit l'incendie de Troie, et cherchoit la
gloire; nous fuyons l'ennui, et cherchons
le génie: découverte plus difficile à faire
que Rome à fonder. Il étoit superstitieux,
et prenoit souvent des effets naturels pour
des présages divins; nous prenons souvent
aussi l'esprit pour la raison. Cependant,
chemin faisant, je prends une teinte de
philosophie, ou si vous voulez de misan-

thropie; et voilà le fruit du changement de lieu et de la connoissance des hommes.

Dans le sein de la frivolité, de la nouveauté, je ne m'intéresse qu'aux choses et aux hommes de deux mille ans. Quoique ces hommes soient aussi loin de nous par le génie que par les siècles, je les comprends encore mieux, et me familiarise plus aisément avec eux qu'avec ceux de nos jours. Il me semble, en les lisant, que mon imagination prend un nouvel essor. Ces génies extraordinaires m'élèvent et m'enchantent; je n'aurois jamais cru que cette sorte d'enthousiasme qui ne frappe que l'imagination, et qui n'a, ce semble, aucun rapport avec l'ame, pût l'émouvoir. En lisant ces beaux génies, j'éprouve cette espèce de miracle.

Les historiens m'ont fait rechercher les poëtes, que je trouve plus extraordinaires encore; je me reproche en les lisant de n'avoir pas plutôt vécu en si bonne compagnie. Je regrette pourtant tout ce que je perds à les lire dans une autre langue que la leur; cette transplantation doit faire évaporer une partie du parfum de ces belles fleurs; et les traducteurs auxquels il faudroit votre goût et les rapports que vous avez avec ces belles têtes, dérobent encore leur génie, semblables à ces épais nuages qui interceptent les rayons du soleil. Enfin, malgré ce que je perds, ces hommes me semblent des dieux auprès des hommes de nos jours.

Ce que je vous ai appris dans ma dernière lettre *) est bien flatteur, bien brillant; mais les épais brouillards qui roulent sur ma tête et me cachent le soleil; le froid qui se fait déjà sentir dans une saison rivale du printemps; la nature qui déjà se dépouille de ses plus beaux ornemens; le bruit, le mouvement qui me distrait de moi-même; le froid égoïsme que je rencontre à chaque pas, qui glace mon cœur et l'avertit de ne rien aimer: tout enfin me rend l'éclat insupportable, cet éclat factice qui éclipse le bonheur. Hélas! lorsque je le compare à une agréable solitude champêtre, où je verrois tous les jours briller le soleil à travers le riant feuillage; aux fleurs que je ne vois jamais sans sourire; au doux murmure d'un ruis-

*) Cette lettre a été supprimée.

seau, qui me donneroit plus d'idées que tous les beaux-esprits de cette capitale; à la molle et tendre mélodie des oiseaux au lever de l'aurore, dont l'indiscrétion est si aimable; et à un ciel pur et serein, sous lequel la pensée naît si facilement, je deviens malgré moi philosophe; et préfère les charmes paisibles de la nature à la fumée étourdissante des cours.

J'ai parcouru avec un nouvel étonnement l'ancienne capitale du monde. Tout y est beau, tout y est surprenant; il semble que les cendres qu'on y foule, inspirent et demandent encore de grandes choses. Par certains aperçus dans la physionomie, le caractère et le génie des habitans, j'ai reconnu ce peuple qui commanda jadis l'univers; mais il a, pour ainsi dire, changé de nature; c'est une espèce de métempsycose.

En contemplant un jour à saint Pierre le mausolée de la reine Christine, transportée d'enthousiasme et d'admiration dans ce temple étonnant, qui est un vrai poëme, je dis: Cette reine a bien fait de laisser-là sa couronne pour les arts; une couronne n'est qu'une belle coëffure qui souvent ne pare que les cheveux; les arts sont la plus belle parure de l'esprit. J'avois avec moi deux philosophes, qu'à leur mine, je jugeai n'être pas trop de cet avis; et je me rappelois alors une des jolies choses que je vous ai souvent entendu dire: „*qu'il n'y a rien de moins philosophe qu'un philosophe.*“

En voyant la magnificence des arts et le néant des habitans, Rome, je vous l'ai dit, me sembloit un superbe mausolée; en la parcourant, je tâchois de peindre l'impression vive et forte que faisoient sur mon ame les objets divers que j'observois dans un religieux silence. Mais l'enthousiasme dont j'étois sans cesse saisie, fatiguoit mon imagination; et je n'ai fait qu'une foible esquisse des sensations les plus vives. J'achèverai un jour mon tableau pour vous en faire hommage.

Mon esprit a été plus heureux à Naples, et a fini par s'y accoutumer. L'éloquence, l'activité de la nature, le silence, la nullité des habitans, tous les contrastes qui naissent de ce contraste, avoient monté mon imagination. Oui, elle s'est réveillée au sein de la léthargie, comme ces ames fortes dont la vertu se perfectionne et devient plus énergique au centre des vices. Mais en entrant le soir dans un de ces cercles où tout brille, excepté l'esprit, elle me quittoit à l'instant; et le lendemain, lorsque je reprenois la plume, j'étois effrayée de la contagion de la veille; alors, pour rappeler cette imagination fugitive, j'arrétois mes pensées sur le spectacle de la nature; le temps s'envoloit, et l'aurore me surprenoit souvent dans cette douce contemplation. C'est peut-étre cette application trop soutenue, trop forte pour ma foiblesse, qui a fait faire quelque progrès à mes maux. Mais que voulez-vous que je vous dise de cette indifférence de moi-même? Je me suis mis dans la téte que ce que nous pouvons devenir après la mort, vaut encore mieux que ce que nous sommes pendant la vie; et cette chimére me poursuit. Cette foiblesse, (si c'en est une) est bien plus pardonnable dans le cerveau d'une femme que dans la téte de ces graves personnages que l'on appelle philosophes.

Croiriez-vous que dans la patrie de la musique, avec le plus grand chanteur d'Italie qui venoit faire renaitre mon goût pour cet art dont je fis si long-temps mes délices, je l'ai presque abandonnée? Cela me fait penser que lorsque nous changeons, ce n'est pas toujours par inconstance. Ne seroit-ce pas notre ame qui par un heureux instinct, nous entraîne vers l'objet qui lui convient mieux? Je regrette pourtant ma passion pour la musique; elle n'affecte péniblement ni le cœur ni l'esprit, et au moins calme-t-elle quelquefois les autres passions. C'est celle des ames heureuses: ne le voyez-vous pas dans la nature? Les oiseaux ne chantent que lorsqu'ils sont heureux; on n'entend jamais leurs chants quand ils souffrent: mais ne me grondez point de cette apparente inconstance. Je vous promets de recommencer mon ramage à la première coquetterie de mon esprit. J'ai cependant rendu hommage à cet art charmant dans un petit ouvrage sur les effets de la musique, que je ne puis finir; car je suis un oiseau qui n'est jamais sur la même branche, et qui fait tout en volant. Je vous l'enverrai, mais ce sera une confidence de l'amitié qu'il ne faut point qu'elle divulgue; vous êtes le confesseur de mon esprit; il ne

44

rougit point de vous dire ses peccadilles;
car vous avez pour lui la manche large, et
lui donnez aisément l'absolution. Mais ne
suis-je pas une bonne femme de m'amu-
ser à parler chansons, statues et tableaux?
En vérité, je ferois pitié aux femmes savantes de ce pays qui étudient le corps humain, *) tandis que je ne m'occupe qu'à
des fadaises. Je crains bien qu'on ne me
dise un jour ce qu'un cardinal disoit à
l'Arioste, et que ma coëffe m'empéche de
vous répéter.

Adieu, ne soyez pas si long-temps en
silence. Pour moi, je vous écris souvent
lorsque vous êtes plongé dans le sommeil;
vous savez que mon esprit n'est à son aise
qu'avec le vôtre, et je lui laisse volontiers
cette habitude.

P. S. Vous me demandez si la beauté
de la reine de France n'est pas exagérée
par l'illusion que donne son rang? Non:
elle a vraiment les caractères de la beauté; des yeux comme Minerve, belle coupe
de visage, teint de lis mélé de roses, les
airs de téte pleins de grâce et de majesté;

*) On veut parler de l'anatomie.

tout le reste de la figure répond à la tête. Elle m'a accueillie d'une manière agréable et flatteuse; je lui ai trouvé dans le ton et dans la conversation cette politesse exquise qui est la fleur du trône. Je me pare de vos expressions.

LETTRE XVII.

Réponse de Mr de . . . . de Marseille.

A madame la princesse de Gonzague, à Paris.

Madame,

Il n'est pas aisé de vous peindre le plaisir que m'a fait la lettre que vous avez bien voulu m'écrire. Je craignois que votre silence n'eût point de fin; et je me voyois privé avec beaucoup de douleur d'une correspondance aussi aimable et aussi flatteuse que la vôtre.

L'enthousiasme avec lequel vous me parlez des auteurs anciens, et surtout des poëtes, leur est bien dû; ce sont depuis long-temps mes amis, mes compagnons, mes consolateurs; ce sont eux qui nous font connoître la nature belle et sans fard, mais non pas sans ornemens, car ils l'ont parée de toutes les grâces dont elle est susceptible. C'est avec beaucoup de vérité et beaucoup d'esprit que vous vous exprimez, lorsque vous craignez que les traductions ne laissent évaporer une partie du parfum de ces belles fleurs. Si vous saviez la langue de ces hommes divins, votre admiration n'auroit point de bornes; tout ce que vous dites là dessus est enchanteur; et la réflexion qui vous rend étonnée de l'enthousiasme qui n'a aucun rapport avec l'ame, est exquise. Mais il y a dans le composé de l'homme, des liens et des rapports qui peuvent rendre raison de votre surprise. Ce qu'il y a de fâcheux, c'est que les traductions françoises sont presque toutes mauvaises; mais le génie vous a aidée à voir le fond excellent des ouvrages, et vous a rendue indulgente sur la forme barbare qu'ont donnée les traducteurs à ces chef-d'œuvres. Les Italiens ont été beaucoup plus heureux que nous à cet égard; presque tous les poëtes ont leurs traductions de mains de maîtres; et l'idée que vous en prendriez chez eux seroit plus juste que celles que les nôtres peuvent donner. Mais la gloire des anciens ne doit point nous faire négliger celle des modernes. Votre Italie surtout est très-riche en grands poëtes; on ne se lasse point de les lire, et toujours avec un nouveau plaisir et une nouvelle admiration.

Le Dante, le Tasse et l'Arioste sont immortels, et surtout Pétrarque, qui a fait de l'Amour un être essentiel et divin: c'est le triomphe du sentiment et le sublime de la belle, de la touchante poësie; il n'y a pas chez lui un mot qui ait vieilli, pas une pensée qui ne soit d'un esprit profond, pas un sentiment qui ne soit de l'ame la plus noble, la plus tendre, la plus épurée; on peut dire qu'il embellit la nature pour la mettre aux pieds de la belle Laure, et pour la faire triompher. Relisez tout cela, princesse; et vous serez peut-être fâchée d'avoir négligé des richesses et des trésors que vous aviez près de vous. La langue italienne est, à ce que je crois, de toutes les langues modernes la plus susceptible de ce beau coloris, qui fait de la poësie le langage des dieux; l'imagination sensible des Italiens a fort aidé à la perfectionner; mais depuis long-temps le mauvais goût a remplacé ce jugement exquis de leur modèle; et quoiqu'il y ait peut-être trop de hardiesse à juger de ce que je n'ai point approfondi, il est pourtant très-sûr qu'il n'y a aucun poëte actuellement qui ait une réputation qui franchisse les

Alpes; mais comme vous craignez que les dames ne vous reprochent la solidité de vos occupations, je dois redouter que vous ne frondiez la pesanteur de mes dissertations. Je vous parle avec éloge d'un pays que vous aimez, et j'ai par là des droits à votre indulgence.

Vous parlez de la capitale du monde d'une manière digne d'elle; c'est tout ce que je puis dire de la sublimité et de la grandeur de cette Rome qui vous semble un superbe mausolée, par la magnificence où on y voit les beaux-arts, et par le néant de ses habitans. C'est la pensée d'une personne digne d'être née dans ces beaux temps que vous regrettez, et sur cette terre que vous admirez. Je ne sais point si votre tête a été accablée par les objets qui excitoient votre enthousiasme; mais ce désordre et cet épuisement n'ont point passé dans vos écrits, qui ont toute la force et toute l'énergie qu'on peut désirer, quand on parle de Rome. Connoissant pourtant la vivacité de votre imagination, qui par la vue des grands objets s'enflamme et s'exalte, je ne suis point surpris que votre sommeil ait été souvent interrompu. Ce sont de belles insomnies, madame, et c'est-là une maladie de l'esprit et de la jeunesse qu'il n'est pas donné à tout le monde d'avoir. Si je voulois vous louer sur tout ce que je trouve d'étonnant et d'admirable dans votre lettre, il faudroit la transcrire entièrement; mais ce que vous dites de ce que vous pensez devenir après la mort, a toujours été l'heureuse chimère des grands esprits, et vos expressions sont toujours neuves et originales.

Vous devez croire que ce n'est pas sans orgueil et sans impatience que j'attends vos lettres sur Paris, sur cette ville si digne de vos pinceaux. On m'a dit que vous avez presque refait vos premiers ouvrages sur l'Italie. Je vous avoue qu'il me paroissoit difficile de faire mieux; et si je ne connoissois votre heureuse fécondité, je craindrois qu'en refondant des ouvrages pareils, vous ne leur fissiez perdre quelque chose de leur beauté. Comment peut-on peindre d'un pinceau plus fier et plus gracieux, ce que vous avez remarqué dans les villes que vous avez d'abord parcourues? Si d'après vos occupations et vos

charmans écrits, il se trouvoit quelque
femme capable de vous dire ce que dit le
cardinal d'Este à l'Arioste, elle seroit bien
plus sotte que ce cardinal qui ne pensoit
pas sans doute ce qu'il disoit.

Je vois en effet que les mêmes choses
qui tournent les têtes parisiennes, ne font
aucune impression sur la vôtre. Vous ne
me parlez point des ballons de monsieur
Montgolfier. Jusqu'ici tout cela ne paroît
qu'un jeu d'enfans, et il paroît même impossible, d'après les réflexions des physi-
ciens, qu'on puisse diriger ces machines à
volonté, ce qui seroit le seul moyen de les
rendre utiles; mais il faut attendre avec
patience.

Je suis avec respect etc.

LETTRE XVIII.

A. Mr de . . . à Marseille.

De Paris, le 25 décembre.

Que vous dirai-je de Paris? La confusion de cet ensemble en jette dans mes idées. Je vous écrivois un jour que les plaines monotones que je parcourois en France, me laissoient toujours à ma place; je pourrois vous dire aujourd'hui que Paris me fait craindre d'en bouger. Cette ville fait naître des sensations, et développe des sentimens inconnus ailleurs. Son premier aspect produit l'étonnement, et un examen réfléchi confond toutes les idées.

En y arrivant, il me sembla entrer dans le cahos du monde. Son immensité où l'on se perd; le mouvement, le bruit, qui distrait et de soi et des autres; le mélange bizarre d'un million d'êtres de toutes les contrées de la terre, dont aucun ne paroit à sa place, et qui semblent aussi étrangers les uns aux autres que s'ils se trouvoient chacun dans leur patrie; les contrastes en tout genre dont on est sans cesse frappé; un peuple déchiré et nu, et une courtisane couronnée de diamans dans un char élégant et superbe; la noblesse blanchie dans les combats habitant un galetas obscur, et le traitant engraissé de la misère publique logé dans un palais; l'ivresse insolente de toutes les jouissances, de tous les excès, et le morne abattement de la misère et du désespoir; la passion de toutes les nouveautés, de toutes les frivolités, et la fureur anglomane de se donner l'air penseur et misantrope; le plus grand talent simple et modeste; le faiseur d'esprit plein de morgue et de suffisance; l'astuce, la noire perfidie des enfers; et la candeur, l'heureuse simplicité du hameau.

Enfin, l'ensemble et les contrastes que présente d'abord ce tableau étrange et monstrueux que l'on nomme Paris; l'air de confusion, de désordre, qui y régne; le mouvement, l'action dont il est animé; tout cela offre l'image de la destruction plutót que de cette création dont un peuple civilisé promettroit les bienfaits. Ce n'est point l'action naturelle d'hommes, qui par le travail et l'industrie cherchent une existence plus aisée et plus heureuse; c'est une multitude d'étres qui s'agitent, s'entrechoquent, courent sans cesse après la fortune et le bonheur qui les fuit. C'est enfin une foule, où chacun fend la presse pour passer le premier, et renverse, écrase tout ce qui se trouve sur son passage.

La société particulière, mue par les mêmes passions, les mêmes intérêts, offre les mêmes contrastes, les mêmes résultats. On y est léger, étourdi, inconsidéré par caractère; raisonnable, sensé, réfléchi par convention; uniforme dans les manières, le ton, le langage, le costume, par la tyrannie de la mode dont cette nation est l'esclave; sombre, inquiet, agité, par le choc violent des passions; égoïste, par l'insensibilité qu'elles inspirent. L'ame ayant perdu les facultés aimantes, les plus doux sentimens sont presque nuls pour elle; aussi le rapprochement des hommes semble être ici inutile à leur bonheur; et au sein de la plus brillante civilisation, ils touchent par leur insensibilité à l'état sauvage. En un mot, ce sont gens qui semblent n'avoir jamais eu rien de commun avec leur cœur.

Que deviennent chez de tels hommes les liens de la nature et de la société? Qu'est-ce qu'une épouse, qu'est-ce qu'un mari dans cette ville? Deux individus qui semblent n'avoir aucun rapport moral; qui s'unissent pour tout autre objet que celui d'être unis, et qui dans quelques jours ne feront plus que se rencontrer dans le monde.

Du mépris de ce lien sacré naît la dissolution de tout lien. Père, mère, enfans, tous ces êtres si chers, si précieux les uns pour les autres, lorsque la nature parle et n'est point encore pervertie, ne sont ici qu'étrangers, et souvent ennemis. L'expression de la parole répond à celle des sentimens.

L'autre jour, assise aux Thuilleries, je vois deux hommes s'aborder. Bon jour, monsieur, dit le plus jeune à l'autre. Votre serviteur bien humble, répond celui-ci, il y a un siècle que je ne vous ai vu. — Que voulez-vous? je suis lancé depuis quelque temps dans un tourbillon d'où il m'est impossible de sortir. — Oh! je l'ai bien pensé! Et votre femme, qu'en faites-vous? est-elle grosse? — Fi! elle n'y pense pas, il y a quelques mois qu'elle est dans sa terre de .... qui comme vous savez est le séjour des plaisirs. — Et vos enfans?

— Je pense qu'on en a soin. — Fort bien, fort bien; adieu monsieur. — Je suis votre valet très-humble.

Dans tout pays ces **deux hommes** sont gens qui se connoissent à peine; mais ici c'est le père et le fils. O nature! que deviennent **tes** saintes lois, que deviennent tes plus doux sentimens, dans ces gouffres de vices et de corruption que l'on nomme capitales.

Voilà les tableaux que présente sans cesse cette ville si célébre, tableaux qui n'ont certainement pas leurs modèles dans la belle nature.

De cette dissolution, de ce bouleversement moral résulte la dépravation de l'esprit, celle du goût, et l'absence de cette politesse aimable et sans apprêts *) que l'on perd toujours avec les qualités sociales, et qui dans les siècles précédens

*) On veut parler ici de la politesse qui dérive de l'humanité, et qui existe encore chez une nation civilisée et point dépravée; car on sait fort bien que cette politesse qui n'est que le masque de la bienveillance et de l'honnêteté, marche toujours avec la corruption des mœurs.

rendirent la société françoise digne de ri-
valiser avec les siècles brillans d'Athènes
et de Rome. La fatuité, la morgue, ont
été substituées à cette politesse; l'afféterie
l'enflure, au goût; et la pédanterie, l'esprit
emphatique, au bel-esprit. Telle est l'influence de la perversion des mœurs sur
le goût et l'esprit de société.

LETTRE XIX.

Au même.

De Paris, le 1 février.

Que je regrette l'ancien François en voyant le moderne! Pourquoi a-t-il changé son caractère? Sans doute il avoit des défauts, mais c'étoient ceux de la nature. Elle l'avoit formé, organisé ainsi, et tout en lui s'accordoit à l'unisson. Chez le François moderne, tout est dissonnant. En voulant donner à son ame un caractère prononcé, à son esprit plus de force et d'énergie, il a dégradé l'une, et affoibli l'autre; il a fait comme ces peintres, qui en voulant surpasser leur modèle, en décomposent les traits, en altèrent les proportions, en changent la physionomie, et font une copie qui ne ressemble plus à rien. C'est ainsi qu'en barbouillant l'ouvrage de la nature, le François l'a défigurée en lui, et s'est rendu méconnoissable, au point, qu'un François de nos jours et un François du siècle de Henri IV se trouveroient étrangers. Ah! que je regrette son ancienne franchise! elle annonçoit une ame qui pouvoit s'avouer! que je regrette sa loyauté, image de la candeur; sa gaieté folâtre, signe de la paix et de l'innocence; et même sa frivolité, base de son caractère, et à laquelle cette nation doit peut-être une partie de sa célébrité, fondée souvent sur de jolis riens. Quel dommage qu'elle ait abandonné tout cela! et pour quoi? pour une raison babillarde, pour une philosophie atrabilaire, ennemie de l'esprit et du bonheur. Oui, la complexion morale du François est trop foible pour le régime de raison et de philosophie qu'il a adopté. Ce régime, peu analogue à son tempérament, l'a rendu languissant et valétudinaire. Ainsi l'étude de la raison a rendu malades les François qu'elle n'a pu rendre foux.

LETTRE XX.

Au même.

De Paris, le 25 février.

Si le François moderne n'est plus qu'un être factice, si la nature est presque effacée en lui, s'il n'est aujourd'hui que l'ouvrage de l'art, et sa propre créature à lui-même, que seront devenues les femmes? Elles, dont les organes sont si mobiles, les sens si subtils, l'imagination si vive, l'ame si susceptible de toutes les impressions, n'auront-elles pas été les premières à éprouver l'influence de ce changement? Voyez surtout comme il est marqué chez les femmes de lettres. Que sont-elles dans leurs écrits auprès des femmes du beau siècle de l'esprit? des hommes de collége. Et dans la société? de froides raisonneuses, analysant, commentant, disséquant le sentiment, comme elles dissèquent les corps dans leurs cours anatomiques. Cet esprit compassé, froid, méthodique les suit jusque dans les conversations frivoles, dans les entretiens sérieux, dans les narrations amoureuses, dans les descriptions pittores-ques. Leur imagination n'a qu'une seule et même physionomie; et leur esprit est aussi froid, aussi sérieux que la raison. Peignent-elles les charmes de la nature ou ses horreurs, la douce paix du hameau ou la violente agitation des cours, les délices de l'amour ou les manéges artificieux de la galanterie; c'est la même couleur, ce sont les mêmes nuances, la même expression; leurs tableaux sans vie ne vous montrent ni les hommes ni les choses. Ces peintres ne sont pas plus animés que leurs ouvrages. Regardez-les! leur figure, leur accent, leurs gestes, leurs expressions, rien en elles ne change ni ne varie. A les voir, comme à les entendre, on diroit que c'est toujours le même sujet qu'elles ont traité. En un mot, elles n'ont ni les élans de l'inspiration, ni les transports de l'enthousiasme.

La nature ne leur donna pas en partage la beauté; mais elles défient la nature par l'art de s'embellir qu'elles possèdent par excellen-ce, sans être pourtant coquettes, la coquetterie

n'étant guère l'attribut que des femmes
nées sous un ciel riant. Aussi les Pari-
siennes ne semblent la regarder que comme un accessoire inutile, comme une perte
de temps. Les grâces y perdent; elles ont
besoin de la coquetterie pour les animer.
Vous voyez que je pense à cet égard
comme vous.

En général, leur organisation tient peu
de leur sexe; je la trouve même exagérée;
leur physionomie a du caractère, mais ce
n'est pas celui des femmes. Ce sont des
traits fortement dessinés, et peu délicats:
la vivacité est dans leurs yeux, l'expression du sentiment y manque. Elles ont la
voix forte, et même un peu âpre; mais elles
cachent ce défaut par un ton bas et à
demi articulé. Sans cet artifice, on croiroit
quelquefois entendre la voix d'un homme.
Leurs mouvemens, leurs gestes, leur démar-
che ont aussi je ne sais quoi de mâle et
de trop prononcé. Seroit-ce l'habitude
de ne vivre qu'avec les hommes, de vouloir penser et agir comme eux, qui a effacé
chez les femmes de ce pays les traits de
leur sexe?

Leur genre d'étude, les sciences auxquelles elles se sont adonnées, répandent sur leur imagination une couleur sombre et fanée, qui nuit aux agrémens de l'esprit; mais les diverses connoissances qu'elles réunissent, les objets divers qui les occupent, les événemens qui les frappent, le grand théâtre où elles sont placées; tout cela rend leur commerce piquant et très-intéressant. On doit leur savoir d'autant plus gré de leur amabilité, qu'elle est leur propre ouvrage, et non celui de la nature, peu favorable ici aux grâces du corps et à celles de l'esprit *). Aussi sont-elles plus propres aux sciences qu'aux beaux-arts, dont elles n'ont ni le sentiment ni le langage. Une paysanne de la Toscane en a bien plus le tact et le goût qu'une Parisienne.

Dernièrement une femme se promenant dans son jardin, faisoit observer à quelqu'un une statue antique. C'est bien dommage, disoit-elle, qu'elle ait une jambe cassée; j'ai ordonné au tourneur de lui en

*) Ceci paroîtra un paradoxe à ceux qui ne croient point à l'influence du climat. Ils s'écrieront: „Quoi! la nature à Paris peu favorable à l'esprit! La ville du monde où il y en a le plus!" Que fait cela? les ananas n'y sont-ils pas communs aussi?

faire une autre. Ce trait vaut bien celui de ce barbare Romain, qui faisant transporter à Rome les statues de Corinthe, dit au conducteur de ces chef-d'œuvres: *Prends garde, tu m'en réponds; si quelqu'une de ces statues se casse, je la fais refaire à tes dépens.*

Ainsi l'étude des beaux-arts, cette étude qui sied si bien aux femmes, celles-ci la dédaignent, soit impuissance naturelle à y réussir, soit goût exclusif pour les sciences, qui en émoussant l'imagination, en éteignant la sensibilité, détruisent le sentiment et le goût des beaux-arts.

Voici une singularité en elles, qui pourroit venir de l'influence des sciences. Quelques-unes ont aussi leur athéisme, comme certains philosophes; elles ne croient point à l'Amour, et n'ayant plus à lire dans le cœur de leurs amans, elles étudient le corps humain. Cette science a pour elles quelque chose de plus réel; le défaut ou le dégoût de la sensibilité fait recourir aux objets physiques: semblables à ces philosophes qui ne voyant dans l'ordre et l'harmonie de l'univers que les caprices du hasard, et qui anéantissent tout, parce qu'ils ne trouvent en eux que le néant. Ne seroit-ce pas cette nullité de leur ame qui leur a inspiré le goût bizarre de l'anatomie? science qui rabaisse l'ame, humilie le génie, et outrage à la fois la pudeur et les grâces?

Femmes, proscrivez cette science! Proscrivez-la au moins par modestie, si ce n'est par coquetterie.

LETTRE XXI.

En répondant à une personne qui l'avoit nommée sa muse.

De Paris, le 20 mars.

Moi, votre muse? vous êtes donc Apollon? Oui, car c'est au feu de votre enthousiasme et de votre génie que je tâche de ranimer une imagination mourante, et un esprit qui est à son dernier soupir. Je serois en vérité trop vaine de vos éloges, et vous finiriez par me gâter entièrement, si je ne savois que les louanges que donne l'esprit, sont à-peu-près comme les agaceries d'une coquette, auxquelles il est dangereux de croire.

LETTRE XXII.

A monsieur de . . . à Marseille.

De Paris, le 25 avril.

L'art ici est par tout à la place de la nature. Elle semble avoir été si peu favorable à ce pays, que les hommes ont cherché à se passer d'elle. Son absence de tous les cœurs y produit cette triste solitude de l'ame qui approche du néant, et qui fait de cette ville si fameuse par sa civilisation, un désert affreux pour un être sensible. Quittons-la; détournons nos regards de cet ensemble étrange et bizarre. Venez vous promener avec moi, et admirer les charmes de la nature champêtre, et les efforts de l'art pour l'atteindre et la surpasser.

Entrons dans ce jardin célébre *). Levez les yeux vers ces arbres gigantesques qui forment ce parc, ou plutôt cette forêt, dont les épais feuillages vous mettroient à l'abri des orages et des tempêtes. Contemplez la gran-

*) Les Tuileries.

de allée qui le partage, dont la voûte hardie et majestueuse s'élève à une hauteur
qui échappe à la vue, et ces bassins que
vous prendriez pour des lacs. Admirez
par tout les traits fameux de la fable et
de l'histoire, leurs dieux et leurs héros,
belle imitation des chef-d'œuvres de la
Grèce. Ce jardin n'est-ilpas un trait
de génie? . . . . . Mais d'où vient ce
sombre, empreint sur tous les objets?
Ah! c'est l'influence de cette tristesse dont
semblent accablés les hommes qui s'y promènent! Sauvons-nous donc de la contagion; sortons de ce superbe et triste jardin,
et allons respirer un air pur et paisible.

C'est dans les champs Elysées que je
vous mène. Là, vous vous croirez transporté dans le séjour des ombres; il vous semblera même en voir errer dans ce bois délicieux, coupé par une multitude d'allées
qui s'enchaînent ingénieusement. Une lumière, semblable à celle de l'aurore, et qui
pénètre à travers les feuillages, y répand
un coloris doux et tendre. Nous y marcherons sans bruit et sans élever la poussière, sur des prairies parfumées. Mais vous
n'y trouverez pas ces ombres pures et

heureuses dont ce lieu charmant semble être la demeure; vous n'y rencontrerez que quelques femmes qui ne leur ressemblent guère. Elles y apparoissent tous les soirs en habit blanc; c'est la couleur qu'elles ont adoptée. On veut avoir l'air de la candeur, lorsqu'on a perdu l'innocence. Elles ont senti que les grâces simples et modestes ont un attrait qui séduit et captive les hommes, même les plus insensibles et les plus corrompus; c'est ainsi que le raffinement de la coquetterie les ramène à l'aimable simplicité de la nature. En les voyant se promener languissamment dans des robes de gaze agitées par les zéphirs, vous les prendriez pour des ombres plaintives.

Laissons ces ombres errer tristement; continuons nos promenades. Venez voir un enchantement, une féerie dans le jardin du maréchal de Biron. Là, nous philosopherons sans misanthropie, et nos pensées prendront la couleur et l'aménité de la nature. Comment auroit-on de l'humeur dans un lieu où ses charmes font oublier les hommes, et où la magie de l'art vous réconcilie avec eux.

Il me semble, lorsque je me promène dans ce jardin, faire un de ces
rêves agréables que produit dans l'âge tendre la lecture d'un joli roman. Le parc
surtout les fait naitre; on diroit que Flore
même le cultive. Les arbres d'un vert
naissant s'élèvent doucement en voûte; un
bouquet les couronne; des guirlandes de
chèvre - feuille et de roses les entourent,
les enchaînent, et semblent les caresser.
Le tronc et le pied des arbres sont cachés
par les feuillages naissans qui s'échappent
de ces guirlandes. Des corbeilles de mille
fleurs diverses sont çà et là dans ce parc
enchanteur. Par tout elles couvrent la terre,
parfument l'air, et charment l'odorat. A
chaque instant on se baisse pour les cueil-
lir; mais on les laisse pour les voir plus
long - temps. Flore, de temps en temps,
donne un coup de baguette; et voilà tout-
à - coup cette riante scène métamorphosée.
Tout ce que la nature a produit dans sa
gaieté, se trouve dans ce jardin. La légéreté des oiseaux, la variété des fleurs, l'inconstance des papillons, tout y sourit
comme elle. La distraction qu'on y
éprouve est si agréable qu'on seroit fâché

de la perdre. On ne veut pas même rêver; mais lorsqu'on le veut, on se sauve dans une galerie agréable, où naissent les plus douces rêveries. Mais nous ne rêverons ni ne penserons; nos sens ravis enchaîneront notre pensée. Nous y serons donc heureux sans mélange et sans altération: courons y promptement!

LETTRE XXIII.

Au même.

De Paris, le 10 mai.

Voici une chose assez rare; ce sont deux femmes qui se louent de bon cœur. Je serois fière des chants de cette muse, si l'on ne savoit que l'art des poëtes, comme celui des peintres, est de flatter la nature. Lisez donc.

LETTRE XXIV.

De madame du Bocage à l'auteur.

De Paris.

Princesse, le destin vous combla de faveurs.
Vos appas, sans talens, auroient le don de plaire;
Votre esprit, sans beauté, captiveroit les coeurs.
Dans la fable, Vénus n'a point l'art des neuf soeurs,
Ni Minerve l'attrait qu'on encense à Cythère.
Mais comment résister à vos traits séducteurs!
Vous seule rassemblez plus d'attraits qu'on admire,
Que n'en peut inventer l'art de peindre et d'écrire.

Ce matin, madame, dans mes regrets de n'avoir pu depuis long-temps vous rendre mes devoirs, je me suis rappelée des vérités, que ces foibles vers vous rendent mal peut-être. Mais la vérité a toujours des charmes; ainsi j'ose vous en présenter l'hommage.

LETTRE XXV.

Réponse.

De Paris.

Madame,

On dit qu'Apelles se plaisoit quelquefois à peindre des femmes sans grâces et sans beauté, dont il faisoit des créatures belles et séduisantes. Votre pinceau n'est pas moins magique; et votre imagination, aussi féconde que la sienne, est encore plus brillante. Le portrait que vous faites de moi dans le langage des dieux, qui semble être votre langue naturelle, est si bien peint, a l'air si ressemblant, qu'il m'a fait illusion sur moi-même; et j'ai osé me livrer un instant au plaisir de me croire belle. Mais en me mirant ensuite, j'ai reconnu mon erreur et votre prestige; et quoique cette illusion soit bien chère à notre sexe, j'ai été très-flattée, en la perdant, de me voir, dans vos beaux vers, la créature de votre génie; et les grâces, les caresses de votre pinceau m'ont consolée de l'indifférence qu'eut pour moi la nature.

LETTRE XXVL.

De Mr de .... de Marseille.

A madame la princesse de Gonzague à Paris.

Madame,

Ce sont de vrais trésors que les confidences de votre esprit. Votre réponse à madame du Bocage est d'un maître; elle est charmante d'un bout à l'autre; elle est d'un aigle qui vole jusqu'aux cieux. Princesse, vous êtes le phénomène le plus singulier qu'ait produit la nature. Il y a dans votre génie une abondance intarissable. On ne doit point, on ne peut point vous conseiller de lire les grands modèles pour vous former. Vous êtes née parfaite; et l'on devroit craindre, en touchant à ce beau naturel, de le gâter et de le contraindre. Je ne suis plus surpris de votre admiration pour les anciens; vous les avez devinés, et on retrouve en vous ce vrai beau qui les rend si aimables. Toutes les femmes à qui j'ai lu vos ouvrages, ne pensent pas comme moi; elles mêlent à leurs approbations des *si* et des *mais*. Une seule vous admire sans réserve et franchement; et son suffrage vaut mieux que tout. C'est madame la marquise de P... Elle a un recueil de vos écrits; elle est aussi avide de les lire, et elle est aussi avare de les garder, que je puis l'être. Mais les hommes ne se gênent point sur leur enthousiasme. J'ai été appelé plus de vingt fois à la lecture de vos dernières lettres, de sorte que je vous ai tout entière dans ma tête; heureux s'il en paroissoit quelque chose dans mes discours et dans mes écrits. L'approbation a toujours été générale, l'étonnement toujours nouveau. On trouve tout ce que l'on aime dans vos belles productions, la poësie et tous ses charmes, la raison et la philosophie, et tout cela embelli par la plus riante, la plus abondante imagination.

Je vous ai écrit avec naïveté mes sentimens au sujet de vos lettres sur Paris. J'enchéris, ce semble, encore sur la juste critique que vous en faites. Ce que vous appelez les aperçus d'une femme vive et sensible, sont les réflexions profondes d'un esprit supérieur qui s'exprime avec toute la grâce de votre sexe, et toute l'énergie du nôtre. Vous semblez néanmoins avoir du penchant pour cette grande et belle ville. C'est que, malgré ses défauts, les beautés de la nature et de l'art que vous avez peintes en poëte charmé, et non en critique, en rendent le séjour enchanteur. C'est un amas étrange de choses admirables, et d'êtres ridicules. Cependant, les beaux génies qui produisent ces chef-d'œuvres de l'art, existent dans cette capitale; mais ils sont éparpillés, et presque ignorés dans le vain tourbillon du monde. On voit beaucoup plus les résultats de leur esprit que leurs personnes, et ce sont eux qui entretiennent ce goût précieux qui fait de Paris la première ville de l'univers.

Je suis avec respect etc.

LETTRE XXVII.

A Mr de . . . à. Marseille.

De Paris, le 2 juin.

La raison, la vérité se refusent à vos éloges; la vanité qui les aime, vous en re-
mercie. Convenons-en, il est des erreurs,
des illusions préférables à la vérité même,
surtout lorsque le cœur, d'accord avec l'esprit, sait, comme vous, y répandre un aussi
agréable prestige. Ne me dites donc plus
que je vous ai rendu modeste, à moi, qui
trouve dans vos écrits tout ce qu'il faut
pour décourager l'orgueil de vos lecteurs.

Je lis, je relis vos deux lettres, que je
reçois en même temps. La dernière *) surtout est une leçon bien touchante, bien
éloquente pour moi; mon ame l'étudie, et
s'y empreint, pour ainsi dire. J'aurois pourtant voulu que le maître eût eu un peu
moins d'indulgence, un peu moins de foiblesse. Mais je le vois bien, vous compâ-
tissez à une philosophie naissante qui se
mutine contre elle-même, et qui a tout le

*) Cette dernière lettre a été supprimée.

revéche des commencemens. Vous êtes un ami sensible, mais trop foible. Vous me traitez comme ces enfans que l'on caresse lorsqu'il faudroit les châtier. Votre amitié sait pénétrer les ténèbres qui m'environnent, sans oser les dissiper. Je suis un noctambule qui marche au bord d'un précipice; vous m'y suivez en tremblant; mais au lieu de m'en arracher avec force, vous craignez de me réveiller, et me laissez dans le plus grand danger. Enfin, vous ne m'aimez que pour vous-même. Ah! que la vie est pleine d'erreurs, d'illusions et de chimères! Comme on s'éloigne sans cesse de son vrai but, qui est le bonheur! Non seulement on s'en éloigne; mais on s'en arrache.

Un grand philosophe de l'antiquité *) a dit une chose bien belle et bien ingénieuse. *Nous ne faisons,* dit-il, *que côtoyer la vie.* Il auroit pu ajouter, que le rivage où nous la parcourons, est plein d'écueils où nous faisons souvent naufrage. Nos passions sont les tempêtes que nous essuyons dans cette courte et pénible navigation; elles nous font flotter

*) Sénèque.

sans cesse sur cet océan orageux, et vont nous
briser contre les écueils sur la plage que nous
voulions gagner. Lorsqu'enfin le calme succède à l'orage, que les nuages se dissipent,
que le ciel devient serein, et que nous
voyons briller le soleil, je veux dire la
raison; ce n'est qu'aux dépens de notre
bonheur. Il valoit presque mieux garder
le mal de mer, et les agitations que nous
y éprouvions. C'est à-peu-près comme
un malade qui, dans le délire, ne sent
point son mal ni le danger qui le menace;
mais revenu de cet état, rendu à lui-même,
il tremble pour les périls qu'il a courus,
pour les dangers où il est encore, et gémit
sur sa foiblesse. Qu'est-ce donc que cette
raison dont nous sommes si vains, et dont
je vous ai si souvent fait l'éloge? Ah! bien
peu de chose! puisqu'elle contribue si peu
à notre bonheur, et nous rend si malheureux en nous faisant sentir notre misère.
Ne devient-elle pas souvent aussi la com-
plice de notre foiblesse, en demeurant impuissante à l'aspect des dangers qu'elle
nous montre? *) Si à l'instant de la créa-

*) Voilà une contradiction bien frappante! Quoi! on
vient de faire Tome I, p. 159 l'éloge de la raison comme

tion j'avois pu parler à la nature, je lui aurois dit: Donne-nous l'instinct au lieu de la raison, car il est bien plus sûr, étant entièrement ton ouvrage, que cette raison que nous devons perfectionner nous-mêmes, et qui ne devient jamais un chef-d'œuvre en nos mains.

Voilà de la misanthropie toute pure, des réflexions bien sombres. C'est le reflet que jettent sur mon ame les hommes que je rencontre chemin faisant. Il faut, dit-on, les étudier. Pénible étude! qu'apprend-elle? A les fuir. Elle inspire d'ailleurs un sentiment qu'il faut proscrire de notre ame au prix même du bonheur; c'est la haine de l'espèce humaine. Le seul fruit de cette triste science, c'est le prix qu'on attache à vivre pour soi, et à ne plaire qu'à soi-même. Cette pensée vous paroîtra d'abord fière et orgueilleuse; mais l'orgueil qui nait d'une

nécessaire au bonheur, et en voici la satire, comme ennemie de ce même bonheur? Soyons de bonne foi: l'un et l'autre ne sont-ils pas vrais? Cette contradiction n'existe-t-elle pas dans la nature, et plus encore dans la société?

source noble, est un puissant aiguillon à la vertu. Les plus grandes actions des hommes n'ont-elles pas été inspirées par ce beau défaut dont les prêtres, toujours retors et adroits, ont fait un vice pour rendre les hommes craintifs, vils, rampans, et les femmes plus foibles encore qu'elles ne sont?

Un jour, à Rome, un cardinal me disoit à ce sujet: *L'orgueil est un vice qui déplaît à Dieu. Je crois,* lui répondis-je, *qu'en cela, comme en bien d'autres choses, on n'a pas trop compris l'être suprême. Auroit-il mis dans le cœur de l'homme une qualité si dominante pour la réprouver ensuite?* Ainsi donc conservons l'orgueil; c'est un défaut sur lequel je ferme les yeux lorsque je me catéchise. Mais je reviens à ce que je disois. Cherchons donc à nous plaire à nous-mêmes, car étant plus sévères à notre égard que ne le sont les autres, pour être heureux dans la possession de soi, il faudra atteindre la perfection. Mais pour cela il faut fuir les hommes, ou choisir entre eux et nous, car nous ne pouvons être à tous deux à la fois. La société ôte à l'ame son énergie, et à l'esprit son originalité; elle émousse l'imagination, et éteint le feu du génie, qui avec toute sa hardiesse y devient lâche, timide, et ne fait que se craindre lui-même. Quelques êtres privilégiés se sauvent, il est vrai, de la contagion; mais ils courent pourtant de grands risques. Il est plus prudent de se sauver. Sauvons-nous donc! courons à la solitude; courons-y sans tourner la tête en arrière.

La solitude fortifie l'ame, élève le génie, et laisse intact notre esprit, qui, à tout prendre, vaut encore mieux que l'imitation de l'esprit des autres. Mon instinct, bien plus que ma raison, à laquelle, entre nous, je ne me fie guère, me dit: *Fuis, sauve-toi.* Mon goût *) pour la solitude dès ma plus tendre jeunesse, cette répugnance pour le monde, avec lequel même l'envie de plaire ne pouvoit me réconcilier, sont, convenez-en, une forte preuve de

---

*) Ce goût a bien changé depuis; il a fui avec le bonheur et la gaieté qui l'alimentoit. Le bonheur sourit dans la solitude; seul, il jouit mieux de lui-même: mais le malheur doit se fuir, il a besoin de s'étourdir et d'être consolé.

cet instinct. Combien de fois n'ai-je pas quitté les cercles les plus brillans pour me sauver dans des lieux solitaires! Mais tout cela étoit sentiment, et non réflexion. Je riois quelquefois en moi-même, en pensant qu'on me croyoit légère et frivole. Je pouvois, à la vérité, avoir l'air de tout cela; mais il n'y avoit là qu'un peu de ma physionomie, sans aucun de mes traits; et un habile connoisseur ne s'y seroit pas mépris.

Un homme d'un esprit fin et délicat, ayant quelqu'intérêt à me connoître, m'observoit beaucoup; cette dissemblance avec moi-même le déroutoit souvent. Un jour où je le vis embarrassé, et qu'il alloit donner à gauche, je lui dis: Prenez garde de vous tromper; fixez-moi bien. Eh quoi! tout cela pour vous dire que mon cœur désire une chose, et que ma raison en veut une autre? *)

Oui, cette irrésolution, cette contrariété avec moi-même m'ont fait naître ces idées, ou plutôt ces sentimens. Il est vrai que lorsque je vous écris, je m'abandonne

*) On a supprimé ici quelque chose.

à toutes mes pensées; il me semble que je suis seule, et que je rêve en silence. Vous devez donc voir dans mes lettres toute la sensibilité de mon ame, les élans de mon imagination, quelquefois même ce délire que vous appelez *poëtique,* et ensuite la raison où mon ame va se réfugier, et se reposer des agitations de l'esprit.

Adieu, adieu . . . . Toute cette lettre vous prouvera que l'on peut raisonner sans être raisonnable, et me prouveroit votre amitié pour moi si vous la lisiez avec quelqu'intérêt, car elle est bien triste et bien peu aimable.

P. S. Silence sur mes irrésolutions. On peut découvrir à son ami les maladies de son esprit; mais on veut qu'il paroisse sain aux yeux des autres. C'est la vanité des malades que d'avoir l'air de se bien porter. Rappelez-vous Auguste qui se fit farder l'instant avant sa mort. Je ne veux pourtant pas me déguiser aux yeux de la marquise de P. . . . à laquelle, en retour de son indulgence, je dois le sacrifice de me montrer telle que je suis. Et puisque cette dame a tant de complaisance pour les bagatelles de mon esprit, elle lui passera aussi ses foiblesses; d'ailleurs, le sien, plein de vigueur et de vie, sait redonner la santé à ceux qui sont malades, quoiqu'elle produise, comme vous savez, un effet tout contraire sur le cœur.

LETTRE XXVIII.

Au même.

De Paris, le 28 juin.

Il faut que je vous mène dans un lieu de plaisance qui porte avec raison le nom de la *Folie*. Laissons la maison, ét suivez-moi dans les jardins. On a voulu y représenter les désordres et les hasards de la nature sauvage, et les ruines superbes et majestueuses de l'ancienne Rome. On s'achemine par de petits sentiers qui veulent avoir l'air d'avoir été tracés par la main de la nature. On marche long-temps à travers les champs, et l'on se trouve tout-à-coup au milieu de ruines éparses. Ici, on aperçoit une statue mutilée par le temps, mais qui l'avoit été la veille. Là, une colonne renversée, qui certainement n'est pas de celles qui soutenoient les palais des empereurs romains, et les temples des dieux. Chemin faisant on rencontre des tombeaux, des ponts, des restes d'aqueducs; où, à travers cette vénérable antiquité, perce le goût mesquin et frivole des modernes. On arrive dans des lieux agrestes et sauvages, où l'on voit çà et là des décombres, et un lac infect, sans doute l'Averne. Il est environné d'un amphithéâtre antique, fait par un architecte de Paris. Peu loin, on trouve une maison enfouie, qui annonce une ville abymée. En avançant, la cabane d'un de ces malheureux dont il faudroit secourir la misère au lieu de s'en jouer. Dans un autre endroit, on voit dans un bain une femme qu'une esclave essuie. Cette femme est apparemment une de ces beautés grecques qui alloient se baigner dans ces bains superbes dont les palais de Rome sont maintenant ornés; mais cette beauté grecque n'est qu'une coquette de Paris, et son esclave qu'une soubrette de la comédie françoise.

Au milieu de tous ces mensonges il y a quelque chose de très-joli; c'est la serre des fleurs construite dans le sein des rochers. On diroit que Flore s'est retirée là pour se mettre à l'abri des frimas et des glaces, car on y trouve en hiver tous les charmes du printemps. Les oiseaux y chantent, les papillons y voltigent, des touffes de fleurs sortent par les fentes des

rochers, de petits ruisseaux y serpen-
tent sur un gazon fleuri; c'est un jardin sous terre. On y a pratiqué des
galeries rustiques, ornées et meublées
à la manière turque et chinoise, dans un
goût simple et élégant. A quelques pas
est une laiterie, petite rotonde revêtue de
marbre blanc. Les buffets, les vases, les
tasses, la table qui est au milieu pour le
déjeuner, tout ce qu'on y voit, est de la
couleur du lait. Cette simplicité convient
à l'habitation d'un berger, qui au reste est
très-galant, et fait fort bien les honneurs
de son humble demeure, car la table y
est servie pour les allans et les venans depuis le matin jusqu'au soir.

LETTRE XXIX.

Au même.

De Paris, le 10 juillet.

Si quelques femmes de ce pays méprisent l'Amour, et ne veulent plus y croire, pardonnons-leur. Les hommes ici l'ont tellement enlaidi, tellement défiguré, qu'en vérité il n'est pas plus possible de le reconnoître que de le trouver aimable. Lisez ma réponse à un de ses détracteurs.

LETTRE XXX.

*A un philosophe françois, qui nioit le
moral de l'amour.*

De Paris, à Passi, le 8 juillet.

J'aurois voulu que votre lettre eût fait sur
mon cœur la même impression qu'elle a
faite sur mon esprit. Si vous connoissez les
femmes, vous savez combien la délicatesse
de leur ame les rend difficiles sur les
beaux sentimens de la nature. Je vous
parle-là un langage gothique et de bien
mauvais goût; je ferois pitié aux êtres
légers, parfumés de vos cercles brillans;
fatigués, excédés de courir après une sensibilité qui les fuit, ils se vengent d'elle
en introduisant un ton qui la proscrit, et
condamne au ridicule quiconque s'avise-
roit d'être sensible.

Mais j'avois pensé que la philosophie
étoit l'antipode de la mode et de la
galanterie, et que bien loin de partager
les travers d'un monde frivole, les
philosophes les frondoient hautement.
Leur pyrrhonisme sur le moral de l'amour

me dessille aujourd'hui les yeux sur les erreurs de la philosophie moderne, dont j'avois déjà trouvé certains dogmes ennemis du bonheur. Celui surtout qui dénature l'amour en le dépouillant de l'ame, humilie, désole les cœurs délicats et sensibles, car s'il étoit en effet un être purement matériel, il faudroit bénir le mensonge qui lui donna une ame.

LETTRE XXXI.

A Mr de .... à Marseille.

De Paris, le 15 Août.

Ah! laissez-moi errer dans les champs! C'est là que je vais me chercher; car je me perds dans cette ville, qui pour mon cœur n'est qu'un vaste désert. J'y retrouve avec moi la nature, si étrangère à Paris. Qu'il est doux de quitter, au moins pour quelques instans, le spectacle d'hommes agités! de perdre de vue le tableau humiliant de leurs vices, de leurs folies! et de se transporter, du sein de l'agitation et de la corruption, dans des lieux où l'on peut respirer encore un air paisible et pur. C'est dans une forêt délicieuse que j'ai trouvé ce matin ce calme, cette température salutaire. Ah! que je voudrois, par un effet magique, transporter cette forêt dans vos belles contrées, et voir les rayons de votre brillant soleil se jouer à travers ses rians feuillages! Que je voudrois y entendre le doux chant de vos rossignols, le tendre gazouillement de vos fauvettes, bien plus mélodieux dans cet air léger et suave, que dans le lourd et ténébreux climat de la Seine. Ce bois n'a plus rien de l'âpreté de la nature sauvage. Il n'est plus l'asyle des animaux farouches. Au lieu d'eux, le cerf, le faisan, la perdrix y viennent à vos pieds; et le rossignol y chante par vanité. En été c'est un spectacle charmant; à toutes les heures du jour on le trouve peuplé; on y rencontre une femme qui rêve, une autre qui folâtre avec son chien, une autre avec je ne sais qui, des marchands de frivolités, des faiseuses de modes, ces législatrices du goût et de la coquetterie. Avant le coucher du soleil les élégantes viennent s'y familiariser avec la nature, qu'elles regardent si souvent par dessus l'épaule; on leur voit prendre alors, sans qu'elles y pensent, un peu de cet air simple et naturel que donne la campagne. Les unes se promènent à pied ou en carrosse; d'autres courent à cheval dans des allées à perte de vue. Souvent des bals champêtres, répandent la gaieté dans le silence de ces bois. Les philosophes y vont aussi faire semblant de rêver; mais on sait bien qu'ils n'y vont que pour voir les femmes, et surtout les courtisanes du bel air.

Il y a dans ce bois une maisonnette que l'on nomme *Bagatelle,* et qui en est une fort jolie. Dans le jardin règne aussi le désordre de la nature sauvage, très à la mode aujourd'hui à Paris. Tant mieux! en imitant la nature on se rapprochera peut-être d'elle. La maison est fort élégante. La chambre à coucher du maître du lieu *) représente la tente d'un guerrier. On y voit par tout des trophées d'armes. J'y cherchois des lauriers, que je trouvai naissans; et je descendis dans le jardin, où je me fis un bouquet de myrte.

*) Monsieur le comte d'Artois.

LETTRE XXXII.

Au même.

De Paris, le 25 septembre.

Les bonnes ames que les beaux-esprits de ce pays!

Un d'eux entre, l'autre jour, d'un air accablé, chez une femme. — Qu'avez-vous donc? (lui dit-elle). Vous voilà tout décomposé! — On le seroit à moins: vous savez que ma femme traînoit depuis quelque temps. — Hé bien! — Hé bien, elle est morte hier au soir à sept heures. — Elle est morte? pauvre femme! J'en suis en vérité bien fâchée. — Je le suis aussi, car c'étoit bien là meilleure créature qu'un galant homme pût avoir. La bonne femme avoit supporté, sans le moindre murmure, mes petites fredaines, qui bien que petites, étoient souvent répétées. Après tout, nous ne sommes point éternels. Savez-vous que nous étions ensemble depuis quarante-trois ans? Mais ce n'est pas tout que d'être mort, il faut encore être enterré. — Eh bien? — C'est qu'il faut de l'argent, et je n'ai pas le sol. — Comment allez-vous donc faire? — Je n'en sais rien. Je voudrois la faire emporter par la charité; mais mon nom littéraire ... mes confrères académiques .... tout cela me gêne un peu; et, préjugé ou non, il faut se respecter. Ce qui m'inquiète, c'est qu'elle me chasse de chez moi, où il n'est pas possible de tenir à cause de l'infection; et j'ai une foule d'ouvrages sur le métier que l'imprimeur attend. — Cela est affreux; je voudrois de tout mon cœur vous tirer d'embarras. Vous connoissez le fond de ma bourse; je ne puis vous offrir que quelques modiques secours: deux louis sont bien peu de chose pour un enterrement. — J'accepte. Je ferai l'expédition avec toute la simplicité possible; à la nuit tombante je la ferai enlever; et pour cette fois, messieurs les prêtres s'accommoderont de cette mince capture. Grand merci, je vais mettre la main à l'œuvre. — Le lendemain il revient d'un air mâté. Hé bien, (lui dit la dame) cela est-il fait? — Hé! point du tout! elle est encore là! — Comment! — Que voulez-vous! En sortant d'ici, je suis assailli dans la rue par mon boulanger, marchand de vin, pâtissier, cor-

donnier et une foule d'autres. Pour appaiser cette vermine qui sort de toute
part, je donne un écu à l'un, deux à l'autre, et me voilà à sec. En vérité, je ne
sais plus qu'en faire. — Ni moi non plus,
(dit la dame en riant.) — Mon benét de
fils pleure sa mère comme un veau, au lieu
de penser à la faire enterrer. Aussi, y a-
t-il rien de plus absurde que de payer
pour venir au monde et pour en sortir?
Ma foi, messieurs les prêtres s'arrangeront;
il faudra bien qu'ils l'enterrent, sans quoi
elle donnera la peste à tout le quartier.
Pour moi, je vais chercher un gîte pour
cette nuit. —

O Jean Jaques! te lapidera-t-on toujours, pour avoir dit que les sciences et les
lettres dépravent et dénaturent l'homme?

LETTRE XXXIII.

A un curé qui avoit chanté l'auteur dans un journal.

De Paris, le 30 octobre.

Pour remercier dignement un enfant d'Apollon, il faudroit avoir son langage et celui de son père. Il faut, en vérité, être de cette famille, pour rendre le mensonge aussi aimable et aussi semblable à la vérité, que vous venez de le faire à mon égard. Que ne puis-je, comme vous, opérer des miracles! métamorphoser, par exemple, votre cure en évêché, et faire ainsi du fils aîné d'Apollon le fils cadet de saint Pierre!

LETTRE XXXIV.

A Mr de . . . à Marseille.

De Paris, le 29 novembre.

Qu'est-ce que la philosophie des anciens?... L'amour de la sagesse, et la perfection de la raison. Les dogmes de la philosophie moderne sapent la sagesse dans ses principes les plus sacrés, et renversent la raison, en altérant dans le cœur de l'homme toutes les notions de la nature. C'est, en un mot, l'art de la perversité sans remors. Combien les conséquences d'un pareil renversement ne sont-elles pas redoutables, étant surtout l'ouvrage d'hommes qui sont devenus les tyrans de l'opinion?

Les écrits des anciens portent le caractère de la grandeur et de l'élévation de l'ame. On se sent transporté par la force des pensées et la sublimité des sentimens. On y voit souvent l'empreinte de l'origine illustre de l'auteur, et de l'éducation qui seule peut donner aux idées et au style, cette noblesse, cette fleur d'urbanité et d'élégance qui fait aujourd'hui le désespoir de la plupart des écrivains françois. La littérature étant devenue chez eux la profession, ou plutôt le métier des classes subalternes, les écrits portent l'empreinte ineffaçable de l'origine et de l'éducation agreste de l'auteur; et en séparant de la foule quelques génies privilégiés qui ont honoré leur siècle et la nature humaine, la plupart des écrits qui paroissent aujourd'hui en France, ne sont propres qu'à dépraver le cœur et le goût; et l'on peut dire de ces productions, qu'elles sont l'époque et le signe parlant de la décadence littéraire de cette nation.

Un homme de lettres assez estimable me disoit l'autre jour: *Eh comment écririons-nous avec noblesse? Nous ne sommes que des gueux qui ne faisons des livres que pour les vendre.* C'est un grand mal, sans doute, que des hommes destinés par leur naissance et leur éducation à ne façonner que la matière, soient devenus les instrumens de l'esprit et les dispensateurs des lumières, qu'ils modifient et propagent au gré de leurs intérêts et de leurs caprices.

A Rome et en Grèce les lettres furent l'emploi et l'ornement du premier ordre de la société. Pourquoi la noblesse françoise dédaigne t-elle la plus illustre de ces prérogatives? Elle n'a pas vu qu'elle alloit ainsi faire planer sur elle les classes inférieures.

LETTRE XXXV.

Au même.

De Paris, le 4 décembre.

Il en est de certains hommes comme de quelques objets qu'il ne faut voir qu'à une grande distance, et dont la proximité détruit l'illusion qui nous avoit séduits dans le lointain. Telle est l'impression que font certains beaux-esprits de ce pays. L'éloignement est leur vrai point de vue. En les voyant, en les écoutant, on s'écrie: Hé quoi! sont-ce-là ces hommes qui font tant de bruit? sont-ce les mêmes qui prétendent régenter le genre humain? En vérité, on tombe des nues en voyant de si petits êtres aspirer à de si grandes choses. Leur société est leur écueil; elle achève de dégoûter et de leurs écrits et de leurs personnes. Leur abord est repoussant; leur ton tranchant, leur conversation pédantesque; l'âpreté, la morgue sont chez eux à la place de l'aménité, de l'urbanité. A la faveur du manteau de philosophe, ils se dispensent de toute bienséance et d'une politesse qu'ils trouveroient trop au dessous de la dignité de leur état. Rarement à leur place, ils cherchent à chasser chacun de la leur. Un dédain arrogant pour tout ce qui est au dessus d'eux, est l'arme favorite de leur jalousie. En un mot, pas d'êtres moins civils que ces législateurs.

Ces hommes de la nature sont pleins d'affectation, d'artifice, et tiennent fort à l'opinion des passans. Ils sont taciturnes et sombres, pour se donner l'air penseur; impolis et rustres, pour paroître philosophes. Sans cesse en contradiction avec leur état, ils ne cessent de déclamer, de clabauder contre l'orgueil et le faste des grands; mais ils rougissent lorsqu'on les rencontre dans un fiacre. Ils ridiculisent, frondent l'inconstance et la frivolité de la mode; mais ils ont toujours un habit de la couleur du jour. Comme les jeunes militaires de la cour, ils portent une épaule en l'air, et saluent de côté. Ils regardent une jolie femme d'un air d'envie, de convoitise, et disent d'un ton moitié froid, moitié dédaigneux, d'un ton de petits-maîtres: *Elle a de beaux yeux, mais ils sont trop vifs.* Leur épicurisme leur défend de s'élever contre la volupté; aussi lui rendent-ils un culte suivi et religieux. Ils font des in-fo-lio contre la vénalité et l'avarice; mais c'est pour de l'argent qu'il les font. Leur passe-port d'esprit et de philosophie est un pyr-rhonisme stupide sur toutes les vérités éternelles, et une froide immoralité pour tout ce qui est sacré. Ils sont enfin parvenus au pinacle du génie, et se regardent comme des dieux, lorsqu'ils ont fait un gros livre pour prouver qu'il n'y a point de Dieu.

Ce renversement de la nature et de la raison, ils veulent l'opérer aussi dans la société, en y introduisant une égalité dont ils prêchent sans cesse les dogmes; et pour l'intérêt de leur vanité, condamner l'univers à une insoutenable monotonie. Ces savans personnages ne connoissent donc ni les lois de la nature, ni celles de la société? Qu'ils sachent que cette égalité n'existe et ne peut exister ni dans l'une ni dans l'autre; que les hommes ne doivent être que les imitateurs de la nature, qui n'a rien fait de parfaitement égal, et qui a voulu, a prononcé l'inégalité et les distinctions d'une manière absolue. On le voit dans toutes ses productions morales et physiques. Son pinceau sublime et fécond a varié à l'infini, dans le tableau de l'univers, le dessein, les figures, les couleurs, les nuances et les ombres; et n'a point fait un triste et monotone camaïeu, comme ces philosophes prétendent faire du tableau de la société, en abrogeant les lois que la nature lui a prescrites par son exemple.

Tels sont ces Orphées modernes dont la lyre discordante ne charma jamais les hommes, mais qui, comme celle d'Orphée, attroupe souvent autour d'eux grand nombre d'animaux.

Voilà à-peu-près le portrait de ces beaux-esprits que vous trouverez sans physionomie. L'esprit pourroit bien s'en passer; mais l'ame doit au moins en avoir une.

LETTRE XXXVI.

A madame la marquise de Rangoni, sa mère, à Marseille.

De Paris, le 20 juin.

Votre lettre m'a fait ce plaisir vif et sensible que j'éprouve toujours lorsque je reçois de vos nouvelles. En répandant une douce satisfaction dans mon ame, vos lettres charment et élèvent mon esprit.

Votre style est naturel, élégant; je le compare, en vous lisant, à une fontaine claire et limpide, qui coule librement pour se répandre sur des fleurs; enfin, c'est le cœur même qui parle et s'exprime dans son vrai langage. L'esprit le suit; et malgré son agréable négligence, il laisse apercevoir combien il est orné. Pour moi, je tâche d'imiter ce beau naturel, cette aimable et éloquente simplicité, qui touche et charme en même temps; mais j'ai beau faire, la nature me contrarie, et on ne peut la vaincre que jusqu'à un certain point; encore est-on bien gauche lorsqu'on veut trop s'éloigner d'elle.

Souvent, en vous lisant, je vous fais

des reproches de n'avoir pas donné à mon esprit tout ce que j'aime dans le vôtre. Il faut me le pardonner, très-chère maman; j'aime encore assez votre ouvrage malgré ses défauts.

Ce que vous me dites au sujet du président du Pati, est bien beau et bien sensible; ce sont des pensées que l'esprit a puisées dans le cœur.

Mais pour honorer dignement l'action et le dévouement de ce brave François qui défendit avec tant de chaleur et d'éloquence la cause de l'humanité, il faudroit que les femmes fussent les arbitres de la justice et les dispensatrices des grâces. Les horreurs que l'on a vues dans cette cause célèbre, déshonorent, comme beaucoup d'autres, le 18me siècle, et font voir que dans ce siècle si orgueilleux de ses lumières, la justice et l'humanité sont des divinités sans culte et sans autels, et que les pays les plus éclairés sont ceux où elles sont le moins révérées. Si notre sexe tenoit la balance de Thémis, que les anciens avoient eu le bon esprit de choisir parmi nous, on ne verroit point les barbaries qui noircissent la scène du monde.

Sans prévention, il appartiendroit aux êtres privilégiés par la nature du côté de la sensibilité, de prononcer dans les causes qui intéressent l'humanité, et qui demandent de la commisération et de la clémence. Car les hommes, presque toujours dominés par les passions de la vengeance, de l'orgueil et de l'intérêt, foulent alors aux pieds tout ce qu'il y a de sacré, et perdent cette humanité, cette sensibilité, que la nature ne semble avoir fait que leur prêter, lorsqu'on la compare à celle des femmes. Mais toujours despotes à notre égard, ils nous excluent de tout, ils veulent enchaîner notre génie comme notre cœur, et masquent leur despotisme en disant que nous manquons de l'un, et que nous avons trop de l'autre.

Les notables viennent de paroître sur la scène, et occupent fort les spectateurs; le même acteur qui vient d'être applaudi, est sifflé. Cette inconséquence naît de l'inquiétude des spectateurs, de la médiocrité des acteurs, et peut-être aussi de celle des pièces. Ce spectacle est trop agité, trop turbulent, pour y voir naître l'ordre et l'harmonie qu'on y désire. Le Roi a

pleuré en voyant l'état de ses finances.
Ce sont-là de belles larmes, et qui honorent à jamais l'ame de ce monarque. Je
ne vois rien de si éloquent que le spectacle d'un roi malheureux; celui-ci pleure,
tandis que d'autres rient. Ce ne sont-là
que des jeux d'enfans pour la postérité.
Les grands hommes ont disparu de la
scène du monde, et n'y ont laissé que les
petits.

Donnez-moi, très-chère maman, des
nouvelles de votre santé, (mais je veux des
détails), de vos occupations, de vos plaisirs;
pour que je puisse jouir de tout cela comme vous-même. Je vous presse contre
mon sein. Hélas! quand le pourrai-je en
effet!

LETTRE XXXVII.

A monsieur de .... à Marseille.

De Francfort sur le Main, le
10 décembre 1789.

J'ai bravé les dangers des Alpes et des Apennins; j'ai franchi leurs sommets orgueilleux et inaccessibles, leurs précipices, leurs torrens, leurs inondations et leurs glaces immobiles; j'ai affronté les feux et les flammes des volcans; enfin, j'ai triomphé de dangers plus terribles encore: mais dans tous ces dangers j'ai moins frémi que dans les routes de l'Allemagne. Ciel! quels chemins, ou plutôt quels précipices! Point de chaussées, des lacs de boue, des ornières à y disparoître en un clin-d'œil, à être ensevelis tout vivans; ce qu'il y a de plus barbare encore, c'est de payer à chaque poste le danger que l'on vient de courir, c'est-à-dire le chemin; et ce chemin qu'on paye est à-peu-près tel qu'il étoit lorsque les Germains vivoient dans les forêts .... Bon commencement d'hospitalité! .... Encore, si les postes étoient courtes, on auroit quelque relâche! Mais le flegme allemand le veut-il? Nous en fîmes une hier, qui dura depuis huit heures du matin jusqu'à quatre heures du soir. Nous en avons fait à travers des précipices. Je me recommandois à tous les saints du paradis que l'on rencontre ici à chaque pas; mais ils ne m'écoutoient guères, cár nous nous sommes vus quatre ou cinq fois dans les abymes, jetant les hauts cris, implorant le ciel, et maudissant les Allemands. J'en suis accablée, fracassée, brisée; j'ai presque regretté les Alpes, tout hérissées, tout audacieuses qu'elles sont; au moins y est-on distrait, surpris, diverti par les contrastes de la nature, par son imposante sévérité, par son aménité gracieuse. Mais ici elle est monotone et triste comme les habitans, et il faut trembler sans distraction.

Les majestueuses forêts de sapin se font pourtant admirer. Leur éternelle verdure annonçant un printemps perpétuel au sein des frimas et des glaces, offre un contraste pittoresque. C'est bien dommage que ces bois soient trop sombres pour ma tristesse, ou que je sois moi-même trop sombre pour respirer sous leurs ombrages. Il ne faut là que la douce mélancolie d'un amour naissant; et vous savez combien je suis loin d'un sentiment qui m'a été si funeste.

Ce qui nous a un peu consolés dans cette affreuse route, c'est le printemps que nous avons trouvé dans le Nord. Soleil brillant, oiseaux chantans, prairies verdoyantes, on eût dit que la nature endormie venoit de se réveiller. J'en étois émerveillée. Que serions-nous devenus, si les ténébreux brouillards nous eussent suivis? si le soleil n'eût éclairé notre misère? si au lieu de ce soleil, nous avions trouvé les glaces et les frimas du Nord? Je serois morte avant d'arriver; car il auroit fallu se chauffer, et on ne se chauffe ici qu'au moyen des poëles. La subtilité de mes esprits vitaux ne tient point contre cette chaleur concentrée et fixe; elle me rend stupide, et dénature, pour ainsi dire, mon être. Oui, je perds auprès d'un poële tous les bienfaits, tous les priviléges que donne le ciel heureux sous lequel je suis née. Voyez donc combien cet esprit si vain est peu de chose, puisqu'un souffle, une bouffée de chaleur le font disparoître! Il y a une heure que j'ai perdu les sens, à cause d'un maudit poële qu'on avoit allumé dans ma chambre. Je dicte cette lettre toutes les fenêtres ouvertes; il est pourtant dix heures du soir, nous sommes en décembre, et à Francfort. Il me semble que l'hospitalité exigeroit qu'on laissât les gens manger, dormir et se chauffer à leur manière, et qu'on les transportât ainsi dans leur patrie; ce qui arriveroit, si l'Europe étoit aussi bienfaisante que civilisée. D'ailleurs, le poële est mal - sain, ennuyeux et triste; on a l'air d'évoquer autour d'un mausolée l'ombre de quelqu'un de ses proches. Voilà comme on se chauffe.

A l'égard du manger, l'estomac allemand auroit maudit le régime de Pythagore. L'habitant de l'air et de l'onde ne sauroit assouvir sa gloutonnerie; il lui faut le lourd quadrupède. Jugez donc de l'esprit de ces hommes par leur estomac. Quant au coucher, les lits sont des berceaux d'où l'on échappe de tous côtés. Malheur à vous si vous voulez vous tourner, ou qu'en dormant quelque songe vous agite; vous êtes infailliblement renversé. Heureusement mon lit me suit; ma vivacité ne sauroit se contenir dans un aussi petit espace. Cette manière de se coucher tient au flegme des habitans de ces contrées.

Je crois qu'en observant avec attention les usages et les coutumes des divers pays que l'on parcourt, on trouveroit leur origine dans le naturel des peuples qui les habitent. Celui-ci paroît être fort dévot, à en juger par la quantité de saints et de chapelles que l'on rencontre par tout. Mais il n'en est ni moins fripon, ni moins dur, ni moins brutal. On est volé, écorché, tyrannisé à tort et à travers par les aubergistes, les maîtres de poste, les postillons. Il est vrai que ces sortes de métiers produisent par tout de telles gens. Il est singulier combien certaines professions sont antipathiques avec l'honnêteté !

Les villes de l'Allemagne que je viens de voir en courant, m'ont paru assez régulières, assez peuplées. Point de décorations ; et s'il y en a, tant pis ; leur mauvais goût seul les fait observer. L'architecture, la sculpture me semble être encore ici dans l'enfance.

La France finit presque tout-à-coup

à la poste après Strasbourg. Là les physionomies, le costume changent; le langage
s'altère; il n'est plus françois, et n'est point
encore allemand. Passe pour les physionomies et le costume; ceux-ci valent
mieux que ceux du peuple françois. Mais
pour le langage, celui des Allemands affecte
douloureusement mes organes; un violon
discord ne me déchire pas plus le tympan.
Nos gens sont françois et italiens, et ne
sont ni entendus ni compris: il faut
donc avoir recours aux signes; telle est
notre misère. Strasbourg, où nous n'avons
passé que quelques heures, m'a paru fort
animé et d'un grand mouvement; la construction en est peu noble, et annonce mal
une ville grande et riche. Il n'en est pas
ainsi de ses environs, qui malgré les approches de l'hiver, présentent toute la richesse
du pays.

Me voici hors de cette France où
tout annonce de terribles orages. Il y a
long-temps que mes yeux avoient aperçu
de loin les nuages sombres et ténébreux
qui obscurcissent aujourd'hui son atmosphère. Je les voyois s'avancer comme

ceux où se forme une violente tempête. Tout présageoit l'état présent; l'agitation, le délire, ou plutôt la fureur qui depuis quelque temps étoit dans toutes les têtes, devoit passer dans les ames. Cette disposition des esprits à s'agiter en tout sens et pour toute chose; cette inquiétude tantôt morne, tantôt vague et indéterminée; le dégoût de tout, causé par l'excès de tout; le silence de l'ame pour toute affection douce, tendre et naturelle; l'indifférence de soi-même qui en est la suite; les imaginations exaltées par les rêves affreux d'une philosophie, dont les dogmes sont l'anéantissement de l'ame, la négation de toutes les vertus, et le crime sans remors; tel étoit depuis long-temps l'état des François dans cette ville perverse, foyer de toutes les erreurs, de tous les travers, de tous les vices, et où l'honneur, la raison, la fortune et la vie des François et d'une foule d'étrangers alloient à jamais s'engloutir.

Voulez-vous une preuve parlante de la décadence de la raison de cette nation? Souvenez-vous du fanatisme et du délire, produit en dernier lieu par des charlatans

sans génie, échappés des petites maisons.
Tout annonçoit enfin chez les François
une sérieuse maladie de l'ame, avant-coureur de la frénésie qui l'agite aujourd'hui,
et qui est le précurseur des angoisses de
la mort. En voyant lever la toile de ce
théâtre d'horreur, je dis en tremblant: La
chute de cet empire sera la catastrophe de
cette tragédie.

Je suis aussi dans l'alarme sur le sort
de vos belles contrées. *) Je tremble que
le soleil brillant qui vous éclaire, ne pâ-
lisse, et ne disparoisse dans d'affreuses ténèbres. L'effervescence de vos cerveaux
bouillans me fait peur, et le mot *république* aussi, qui a résonné à mon oreille lors
de mon passage à Marseille. Dieu vous
garde de semblables idées, messieurs les
Provençaux! Vous êtes trop vieux, trop
corrompus pour de si hautes prétentions.
Il vous faut un roi et à tous les François,
et même un roi ferme et absolu; extrémité
que le caractère, la dépravation et les excès coupables de votre nation ont rendue
nécessaire. Elle a prouvé il y a long-

*) La Provence, patrie de la personne à qui cette lettre
est adressée.

temps cette triste vérité, que certains peuples ne sont pas faits pour la liberté, puisque chez eux l'époque de cette liberté devient celle de leur destruction. Lorsqu'une nation n'a plus ni morale ni mœurs, elle n'est point digne de la liberté; il faut alors la mener par la force pour la sauver d'elle-même. Cette nation spirituelle, toujours dominée par les passions, et par conséquent sans jugement, ne s'est point connue. Elle étoit encore verte dans sa caducité; elle a voulu mûrir tout d'un coup; et elle est tombée en putréfaction, tant sa corruption étoit extrême. Pour votre Marseille qui balbutie le mot *république,* c'en est fait d'elle; elle est anéantie si· elle le devient un seul instant. Lorsque la superbe Marseille résista à César, elle étoit dans la vigueur de la jeunesse, vertueuse, savante, et ne connoissoit point la servitude. Aujourd'hui elle est vieille, corrompue, ignorante, et n'a pas même le souvenir de son antique liberté. Excepté vous, je n'y connois personne digne de ses ancêtres. Adieu, donnez-moi de ses nouvelles, et surtout des vôtres.

LETTRE XXXVIII.

Au même.

De Berlin, le 2 février 1790.

Nous voici échappés des précipices, où peu s'en est fallu que nous ne restassions ensevelis. Quelle route! quels chemins! Les ornières, les mers de boue; tout cela s'est accru depuis Francfort ici. Annibal ne trouva pas plus d'obstacles ni d'embarras au passage des Alpes. Nous avons fait des postes entières à pied, ne pouvant résister aux cahots, aux secousses de la voiture qui menaçoit à chaque instant d'une culbute. Il a fallu manœuvrer comme dans une navigation orageuse. Notre équipage, vingt fois renversé et arraché aux ornières, a failli rester avec nous en chemin. Tout vient accabler les malheureux. Un soir, dans une nuit obscure, au milieu d'une forêt plus noire encore, nous sommes tout-à-coup réveillés, l'un de son assoupissement, l'autre de ses tristes rêveries, par des cris violens et redoublés. Tout s'arrête; et voilà notre courrier aux prises avec nos deux postillons qui le jettent à bas du cheval, le traînent dans la neige, celui-ci se débattant comme un lion en fureur; nous cherchant à les appaiser, à les séparer, étourdis par des cris, des juremens allemands, auxquels le diable n'eût entendu goutte. Le combat continue, et si fort, que nous tremblons d'être obligés de conduire nous-mêmes la barque, car notre second courrier avoit pris les devants, pour aller à la poste ordonner les chevaux. Nous voilà donc plantés au milieu d'une forêt ténébreuse comme l'antre des Cyclopes; livrés à trois ivrognes qui se battent comme des gladiateurs; nos six chevaux embourbés et immobiles; notre voiture à demi renversée dans les ornières; nous dans la neige jusqu'aux genoux; criant miséricorde à des hommes qui se tuent; parlant françois à des Allemands, et raison à des gens ivres. Après bien des efforts nous parvenons à appaiser les combattans; ils se relèvent, se séparent avec quelques bosses à la tête; et il a fallu encore les bénir de ne s'être pas tués.

Quittes enfin du combat, comment nous tirer de là? Notre voiture est embourbée; nos chevaux ne peuvent la tirer, et nos trois hommes ivres sont sans force: que faire? Je n'en sais rien. Enfin, l'autre courrier ne nous voyant point arriver à la poste, est venu à notre secours. Pour moi, j'ai fini par rire de l'aventure, et surtout de mon soulier, qui au milieu de la bagarre s'est perdu dans la neige où j'ai failli rester moi-même. Nous arrivâmes pourtant avant-hier au soir à dix heures, sans pouvoir nous le persuader, et nous demandant si réellement nous étions arrivés.

Mon mari m'a trouvée plus morte que vive d'ennui et d'accablement. Croyez-vous que dans cet état je puisse après-demain faire une toilette de cour, et qui plus est, de bal? Il faut bien le croire, car le moyen de refuser les invitations d'un roi. Celui-ci m'en a fait une ce matin que je trouverois très-aimable si je pouvois le paroitre moi-même. Mais notre frêle machine se détraque et nous démonte bien aisément, sans parler des maux de l'ame. Quelle figure, quel personnage vais-je faire dans ce monde brillant? Quel contraste que le sombre de mon ame, avec l'éclat d'une fête de cour? Hélas! comment mon pauvre cœur se tirera-t-il de là? comment pourra-t-il supporter le spectacle du plaisir? Il faudra donc composer mon air, ma physionomie, mon maintien, ma contenance, et faire contraster avec moi toutes les parties de moi-même? Oui, il faudra mentir et à soi et aux autres, ou être sotte et ridicule. Ainsi donc la vanité prescrit dans le monde la dissimulation et le mensonge! Ah! croyez-moi, la vertu ne peut exister que dans les champs. Voilà sa patrie; là elle se trouve dans son état naturel: elle n'est, dans la société, qu'une étrangère malheureuse et abandonnée, que la gêne et l'embarras défigurent entièrement. Mais, pour ne perdre ni votre estime ni la mienne, sachez que ce déguisement de moi-même est le plus pénible, le plus douloureux de mes efforts; et que je supporte avec plus de courage les maux qui m'accablent, que la peine de les dissimuler.

Adieu; je vous manderai mes succès ou mes déconvenues dans le personnage qu'il me faudra faire après-demain.

LETTRE XXXIX.

Au même.

De Berlin, le 10 février 1790.

Je suis assez contente de moi; je n'ai menti ni à moi ni aux autres; j'ai été triste, mais ma vivacité naturelle m'a empêchée de le paroître trop. D'ailleurs, ne me trouvant là qu'avec un monde à qui j'étois jusqu'alors inconnue, on n'a pu me comparer à moi-même; cette idée m'a un peu enhardie, tant un être malheureux se plaît à se faire illusion. Enfin, je n'ai été ni aimable ni sotte, ni enjouée ni sombre; je n'ai été rien, et je n'ai apporté dans ce monde brillant que des parcelles de moi-même.

C'étoit à Monbijoux, maison de plaisance de la reine, qu'étoit la fête. En entrant, sa majesté m'a présentée elle-même au roi, qui m'a fait un accueil fort gracieux. Ensuite une dame d'honneur s'est emparée de moi, et m'a présentée à la famille royale.

La moitié de la cour a vingt ans et tous les charmes de cet âge. Le souper a

été un banquet à-peu-près comme ceux
de l'Olympe; les divinités ont su y tempé-
rer la majesté par une douce aménité.
Tout ce que le trône a d'imposant et de
triste avoit disparu à l'aspect des plaisirs
et des Grâces; elles y étoient toutes trois
réunies dans la famille royale. *) Vous
jugez bien par les convives, de l'amabilité
de ce banquet royal; on y a causé agréablement, et j'ai trouvé dans les personnages qui y représentoient, le bon ton de
cette politesse que l'on ne rencontre guère
que dans les cours.

J'avois grand besoin de cette gracieuse hospitalité, pour perdre de vue le sombre et le sauvage des bois de l'Allemagne,
dans lesquels j'ai vécu quinze jours, et qui,
sans accroître la tristesse de mon ame, l'a-
voient laissée sans distraction.

Après le souper on a suivi la reine à
la redoute. S. M. m'ayant fait l'honneur de
m'inviter dans sa loge, je l'y ai accompa-

*) Mde la P. Fréderique, Mde la P. Wilhelmine filles du
roi, et Mde la P. Louise Ferdinand de Prusse. Depuis,
deux princesses sont venues embellir encore cette
cour. L'une est faite pour honorer le trône; et l'autre pour en faire l'ornement.

gnée. Cette redoute est un spectacle gai, animé, varié, une véritable fête de carnaval, et m'a présenté l'Italie dans ces sortes de spectacles. La magnificence du théâtre prêtoit encore au brillant de la fête. Pour les danses, les masques, toutes ces folies du plaisir faisoient honte à ma douleur, et un contraste pénible avec l'état de mon ame. Ne vous en affectez pas trop, de peur que votre amitié pour moi ne devienne pour la vôtre un poids trop douloureux.

Puis-je regretter le bonheur? Eh! que seroit-il aujourd'hui pour moi; quand le meilleur de mes amis est livré à d'horribles orages, à de si grands dangers, et que je tremble sans cesse pour son existence! Rassurez-moi donc à cet égard le plus souvent que vous le pourrez. Adieu.

LETTRE XL.

Au même.

De Berlin, le 12 mars 1790.

Quelle puissance a le génie! On en est frappé en arrivant ici, où une des plus belles villes de l'Europe s'est élevée dans des déserts arides et sablonneux, et cela par le génie de deux hommes. Cette ville seule seroit un beau monument à la gloire des souverains de ce pays. Son aspect surprend, quoiqu'on ait vu l'Italie. Ce sont des dimensions en grand, et dont l'accord, l'harmonie de toutes les parties avec le tout, forme un ensemble imposant et superbe. Berlin iroit de pair avec les plus belles villes d'Italie, si elle étoit décorée par les beaux-arts. Mais ils fuyent les frimas, et ne prennent naissance que sous un ciel serein et brillant. L'admiration que produit cette ville, est froide, n'étant fixée que sur des objets inanimés. Pas de capitale qui ait moins de mouvement, moins d'activité que celle-ci. Il me semble être à *Pompeii* ou à *Herculanum,* tant le silence et la tranquillité y règnent. Savez-vous pourquoi? L'œil n'aperçoit aucun de ces objets qui diversifient la scène mouvante des autres villes, et qui annoncent à la fois, et l'industrie qui travaille, et l'opulence qui jouit. Tout est dans la stagnation, dans le silence de l'inaction. L'art de la guerre est ici l'art par excellence; et les armes, ennemies des arts qui veulent la paix et le repos, rendent les atteliers stériles, déserts, et nuisent à l'industrie et au commerce. Tel est pourtant le ressort qui conduit cette brillante monarchie; telle est la puissance qui la soutient, et la rend redoutable à tant d'autres. Laissons donc les atteliers déserts.

L E T T R E XLI.

Au même.

De Berlin, le 26 mars.1790.

J'ai enfin reçu l'ouvrage que votre indulgente et peut-être aveugle amitié a voulu absolument rendre public. L'imprimeur a été encore plus ennemi de ma gloire, et lui a fait plus de tort que moi-même. N'étoit-ce pas assez de mes négligences, de l'abandon de l'esprit écrivant à l'amitié? sans y trouver encore les barbarismes d'un sot typographe, qui ne sachant pas me lire, m'a souvent fait parler et même respirer comme lui? *) J'en suis piquée jusqu'au vif. N'est-il pas en effet bien douloureux de se voir mourir dès sa naissance? Ce qui me console, c'est que vous y êtes intact, et qu'on vous a laissé votre vie et vos grâces. Je vous félicite du succès de cet ouvrage; félicitez-moi à votre tour de ce qu'il le doit à l'amabilité de

____

*) On veut parler de l'orthographe et de la ponctuation, qui altèrent souvent les paroles et le sens dans la première édition de cet ouvrage.

vos lettres, qui l'a fait triompher du peu de grâce des miennes.

Plusieurs de cette cour ont voulu l'avoir. Hier au soir la princesse Henri m'en a fait compliment. Cette princesse joint à la culture de l'esprit une ame excellente. Voici ma lettre d'envoi à son mari, le frère et le rival du César moderne.

Les plaisirs se multiplient et se pressent en foule; il faut les suivre par bienséance, se jeter dans la mêlée joyeuse, et se laisser entraîner par elle. J'y fais peut-être une plus triste figure à mes yeux qu'à ceux des autres, qui n'ont guères le temps d'observer les contrastes, si rares d'ailleurs dans les cours où tout se monte à l'unisson. C'est un genre de peine que je ne connoissois point, que de promener ses ennuis dans ces tourbillons brillans, dans ce séjour des plaisirs, où tout du moins en a l'apparence. Cette dissonance des autres avec soi est insupportable, et cause à l'ame une véritable douleur. Ce qui est pire encore, c'est d'être réduit à cacher un cœur flétri et agité, sous un visage riant et serein. Cependant, sans être comédienne, il faut faire ce personnage. Jugez donc combien je dois être à mon aise, vous qui connoissez mon *indissimulation,* mon aversion pour tout ce qui est feinte et artifice, et cette vivacité, ennemie de la contrainte, que je porte dans mon air, dans ma contenance et dans toute ma personne.

Ainsi la société seroit donc plus pernicieuse encore que le spectacle, puisque l'ame doit sans cesse s'y contraindre, s'y cacher, et qu'on y devient comédien, au lieu qu'au théâtre on n'est que spectateur. Oui, je le répète, car je le sens à chaque instant: les champs, les champs, la nature champêtre sont les seuls asyles de la vertu et du malheur; là, tout ce qui vous environne vous attire vers l'une, et adoucit l'autre. La société produit l'effet contraire; elle effarouche la vertu; elle aigrit le malheur. J'éprouve souvent ce dernier inconvénient depuis mon arrivée ici, où j'ai eu le guignon de trouver le carnaval et tous ses plaisirs foux et étourdissans. Heureusement le masque m'aide aussi à cacher ma tristesse; mais quel objet pour la raison qu'un être affligé sous le masque, sous le symbole de la folie!

Hier au soir, il y eut une fête chez le roi, qui ne fut royale que par la magnificence. Le roi n'y étoit qu'un homme aimable, qui fête de jolies femmes. Elle a commencé par les jeux et les danses. Les femmes parées et coquettes, comme il faut l'être au bal sous peine d'y être sottes et maussades, y étoient les véritables souveraines. Un souper aussi somptueux qu'élégant a interrompu la danse. Après le souper elle a recommencé, et ne s'est point ressentie des atteintes du sommeil. Plus gaie, plus animée qu'auparavant, elle n'a fini qu'aux approches du jour; et après m'être dit souvent à moi-même: que fais-tu donc ici? j'ai été chercher un sommeil qui me fuit. Ne le trouvant point, j'ai voulu voir lever l'aurore dans la plus belle des forêts. Ah! que de pensées grandes et sublimes, que de sensations paisibles et agréables naissent à l'ombre de ces bois! qu'une douce mélancolie y trouveroit de charmes et de volupté! Mais je n'ai fait qu'admirer avec regret des beautés champêtres, dont l'aspect auroit autrefois épanoui mon cœur. J'ai bien désiré d'y avoir avec vous un de ces entretiens où la raison perdoit toute sa gravité, et devenoit un être enjoué, charmant, à se faire aimer à la folie. Enfin, je ne vis jamais une forêt si digne d'inspirer une sibylle. La nature et l'art ont concouru à embellir ce bois: la nature, en y élevant ces sapins qui s'élancent jusqu'aux nues, en éternisant leur verdure, en étalant à leurs pieds ces prairies émaillées que baigne la tranquille Sprée; l'art, en coupant ingénieusement cette forêt d'un grand nombre d'allées qui s'unissent, se croisent, se séparent, et se rejoignent encore pour ménager la surprise. C'est enfin l'art et la nature qui y forment de concert ces retraites amoureuses, ces bocages délicieux, ces détours charmans où l'on aime à s'égarer, et qui font naître *d'amorosi penzieri,* quoique sans amour. Telle est la magie de cette forêt, où moins heureusement disposée, je n'ai trouvé que ma douleur, mais moins sombre; tant il est difficile d'y être malheureux. Adieu.

P. S. Comment va votre infortunée patrie? A-t-elle toujours la fièvre? le délire? Hélas! l'insensée s'agite, se désole et

se déchire pour une postérité qui peut-
étre ne nous vaudra pas. Je ne sais rien;
je ne lis point les papiers publics. Qu'ap-
prendrois-je? à haïr les hommes? Les secousses de la haine sont trop violentes;
les mépriser seroit bien assez pour cesser
d'être heureux, si on l'étoit d'ailleurs.

LETTRE XLII.

Au prince Henri de Prusse, à Rheinsberg.

De Berlin.

Monseigneur,

Apollon et Mars vous doivent également des hommages; vous êtes le favori de l'un, et le rival de l'autre. Si ces lettres qu'a désirées votre Altesse royale peuvent l'intéresser quelques instans, ce sera un beau triomphe pour l'auteur. Elle verra dans quelques-unes de ces lettres, que la gloire de penser peut être aussi le partage des femmes, et que cette qualité sérieuse et brillante n'est point incompatible avec cette foiblesse, qui n'est pas toujours en nous l'ouvrage de la nature.

Je suis avec le plus parfait dévouement,

Monseigneur,

de votre altesse royale, etc.

LETTRE XLIII.

A Mr de . . . à Marseille.

Berlin, le 10 avril 1790.

Votre lettre me charme, m'afflige, et me console. Votre cœur vous dira que dans ce contraste de sentimens, le mien n'est point en contradiction avec lui-même. Oui, à la joie d'avoir de vos nouvelles, se mêlent mille regrets, mille inquiétudes, mille souvenirs doux, tendres et douloureux. Votre lettre me fait sentir la distance qui nous sépare; et cependant je vous vois, je vous entends dans cette délicieuse lettre. Votre cœur et votre génie ne font qu'un; ils sont si bien mêlés, si bien confondus, qu'on ne peut presque les distinguer. Enfin, vous êtes né pour l'amitié. Mais, hélas! que la mienne est ingrate, puisqu'elle ne cesse de vous affliger!

Laissez-moi donc vous parler de plaisirs, pour vous distraire au moins quelques instans de moi-même, et vous faire penser que je m'en distrais aussi. Ils se succèdent ici avec une vivacité, une rapidité qui annoncent l'approche de leur fin;

ils m'entraînent, sans m'emporter avec eux;
ils viennent même troubler ma douleur
dans ses instans de repos. Ce ne sont tous
les jours que nouvelles fêtes aux différentes
cours; car il y en a cinq ou six ici. Bal,
concert, spectacles, soupers, c'est une chaîne
de plaisirs; le roi les suit, il les anime, il est
de tous. Ce prince a vraiement de l'aménité
dans le cœur et de l'amabilité dans l'esprit.
Cette cour me réconcilieroit presque avec les
grands de la terre. J'y perds quelquefois de
vue tout le mal qu'ils m'ont fait. L'éclat du
trône n'y a point éteint les sentimens de
la nature: oui, on peut l'aimer sans blesser
la dignité philosophique *) de nos jours.

La reine surtout, être attachant par
cette sensibilité, cette candeur, signes d'une
belle ame, réunit à toutes les vertus de
son sexe et de son rang, un esprit agréable
et cultivé. Pour la reine douairière, elle
rend la vertu **) tout à la fois si imposante

---

*) Ceci n'est qu'une épigramme contre cette philosophie.
J'ai déjà prononcé mon sentiment à cet égard.

**) Je ne puis nommer la vertu, sans me représenter encore
une jeune princesse que j'ai revue depuis à cette cour,
dont l'ame pure et innocente offre l'image la plus

et si aimable, qu'elle la fit chérir à ce héros même qui n'aima jamais que les vertus martiales.

Enfin, je suis fort contente de cette cour; mais l'est-elle de moi? La tristesse se trouve là une plante sauvage de bien mauvaise mine, et de plus mauvais goût encore. Ah! que je regrette cette gaieté vive et folâtre, qui faisoit rire de si bon cœur votre raison! Mais c'est un songe qui s'est évanoui à jamais, comme ces nuages brillans et vermeils qui accompagnent l'aurore, et qui disparoissent avec elle. Cependant on me traite fort bien malgré ma misanthropie et ma maussaderie, qui doivent pourtant percer, car on ne fait point ce que l'on veut de son cœur et de son esprit; ce sont deux êtres souvent bien revêches.

Ainsi, quoique je doive au nom que je porte, c'est-à-dire à ce qui n'est pas moi, les honneurs que je reçois ici, faisons taire la philosophie, et n'en soyons pas moins flattés.

aimable de la vertu. C'est madame la princesse Auguste, fille du roi.

A propos du héros prussien, malgré son insensibilité pour nous, je voudrois bien vous envoyer une pincée de ses cendres pour inspirer votre pays, qui n'a de spirituel et de brillant que son soleil et vous; mais je n'ai pu jeter encore des fleurs sur son tombeau.

LETTRE XLIV.

A madame la comtesse de . . . . à Belle-vue, près de Berlin.

Berlin, le 15 avril.

Un rhume inquiétant, un sommeil prolongé jusqu'à midi, une toilette de cour, et qui plus est, de bal où l'on ne dansera pas, une humeur de chien contre tout ce qui contrarie sans cesse mes goûts, contre ce genre humain, si peu humain, si peu aimable; tout cela, charmante comtesse, m'a empêché de recevoir ce matin les adieux de la baronne de P*** votre sœur. Je suis en vérité dépitée contre son départ précipité; car je l'aime, et presque autant que vous, dont la légéreté devroit m'avoir refroidie, si mon cœur n'étoit d'une constance qui va jusqu'à la satiété. Je reviens à la baronne. Si elle ne partoit pas demain, elle seroit bien aimable, ainsi que vous et votre sœur de V***, si vous veniez toutes trois prendre avec moi une tasse de thé, offerte par l'amitié à trois sœurs qui ne trouveroient dans mon cœur d'autres rivales qu'elles seules. Viendrez-vous?

LETTRE XLV.

En répondant à un auteur qui lui avoit envoyé son ouvrage intitulé: NOUVEL ÉLOGE DE LA FOLIE, et qui se lamentoit sur les maux de l'amour.

De Berlin.

Le nouvel éloge de la folie, lu avec tout le sang-froid de la raison, n'en a été trouvé que plus raisonnable. Oui, la folie est la raison des sages, et la raison la folie des sots. Celle-ci n'est qu'une pédante, également ennemie de la gloire et du bonheur, comme l'a parfaitement observé son ingénieux antagoniste. En remerciant l'auteur de cet écrit saillant, on l'exhorte à demeurer fidelle à ses principes. C'est dans la seule folie qu'il trouvera ce mâle courage qui sait braver les caprices du sort, et ce noble dédain contre la perfidie des hommes, et même contre la cruauté des femmes.

Je prends au reste un vrai intérêt aux maux que Mr le chevalier de * * * me fait entrevoir. Si c'est la sensibilité qui les cause, loin d'exciter une triste et humiliante pitié, ils deviennent un sujet d'envie pour ceux qui ont senti, que c'est dans certains maux que l'on trouve la source des plus douces jouissances.

144

LETTRE XLVI,

A Mr de .... à Marseille.

De Berlin, le 15 mai 1790.

Ma dernière lettre *) vous aura affligé.
Hélas! c'est ainsi que je paye le tribut à
votre amitié, et à cet intérêt si vif et si
tendre que vous prenez à mon sort. En
fut-il jamais de plus étrange? Je suis en
vérité étonnée de moi-même, lorsque je
pense avec quelle fermeté je contemple les
orages qui menacent mes jours. Je ne
sais d'où vient ce courage à un être dont
la vie ne fut troublée jusqu'ici par aucun
nuage, et dont les premières années sembloient être l'aurore d'une heureuse destinée.
O vous qui présidâtes à ma tendre jeunesse!
vous qui vîtes cette félicité inaltérable qui en
accompagna tous les instans! que dites-vous,
que pensez-vous de ce courage, qui semble
bien plutôt tenir de l'habitude du malheur que de la raison si foible dans l'adversité? Je crois en vérité que dans les revers, la nature se transforme chez les fem-

*) Cette lettre a été supprimée.

mes, ou qu'elle ne leur a donné que l'apparence de la foiblesse, pour les mettre par là sous la sauve-garde de l'intérêt de tous, tandis qu'une force très-puissante réside dans leur ame, et que c'est ainsi que la nature les a prémunies contre la somme de maux auxquels elles sont si souvent condamnées dans la société. Mais je m'arrête: vous avez beau me dire de verser toutes les peines de mon ame dans la vôtre, de soulager mon cœur dans le sein de l'amitié qui l'attend. Mon estimable ami, vous faites votre rôle; je dois faire le mien. Les complaisances, les sacrifices de l'amitié peuvent avoir des bornes qu'il ne faut point franchir. Je ne le crains point quant a moi; mais pour vous, je dois au moins l'appréhender, et réprimer les élans d'une ame désolée, afin de ménager la vôtre, et ne la laisser s'exhaler, s'abandonner à elle-même, que lorsque je ne pourrai plus la retenir.

Vous me dites d'avoir quelquefois recours à *Sénèque.* Vous avez trop bonne opinion de moi. Que voulez-vous donc que je fasse d'une philosophie orgueilleuse, qui se met au dessus de la nature humaine, et qui veut qu'on soit plus fort qu'elle, tandis que la vertu elle-même ose à peine le prescrire quelquefois? Non, le stoïcisme est trop exigeant, trop austère pour mon état; il regarde l'humanité avec trop de rigueur et de dédain; il en est le tyran, le fléau, et non le guide et le consolateur. La couleur de mon ame, la nature de ses maux repoussent l'âpreté de ses dogmes. Il me faut des calmans, un régime doux et tempéré; les remèdes violens ne feroient qu'aigrir les blessures de mon ame, et la déchirer encore. Mon état a besoin de ménagement. Je suis comme un enfant, qu'il faut caresser et tromper pour lui faire prendre un breuvage dont l'amertume le dégoûte. Une raison trop sévère me décourageroit, et me feroit aussi trop sentir les dangers de mon état. Dans une tempête il ne faut pas regarder la mer; il faut se mettre à fond de cale, et tâcher de s'endormir. Croyez-moi, il n'y a rien d'aussi près de la folie que l'excès de la raison; c'est presque toujours par cet excès qu'on la perd. Un homme qui pense peu, raisonne peu, devient rarement fou.

Un jour, à quelqu'un, attaqué d'une

noire mélancolie, je conseillai l'ivresse, au lieu de Sénèque dont il étoit enthousiaste. Je sentois qu'il ne pourroit résister à cette lecture; il ne voulut pas m'écouter, et se tua selon les préceptes du stoïcisme. Si j'étois décidée à en faire autant, je lirois Sénèque, pour lequel j'ai d'ailleurs une sorte de passion, et dont je trouve les pensées brillantes et sublimes, lorsqu'il n'outre ni la nature ni la vertu; car la vertu elle-même a ses bornes, au de-là desquelles elle n'est plus qu'une exagération chimérique de l'imagination, que l'ame ne sauroit atteindre.

Mon conseil de l'ivresse étoit bon, comme l'a prouvé l'événement. Il vaut mieux perdre la raison, que de déraisonner avec elle, ce que l'on fait sans cesse dans le malheur, dont l'état forcé et violent déprave l'être moral, et altère le jugement. Cependant, je fais comme certains médecins; je donne des remèdes dont je ne fais jamais usage moi-même. C'est que je ne bois pas de vin, et que l'abrutissement qu'il cause me fait horreur. Mais je ne lirai pas non plus Sénèque dans l'état où je suis.

Il faut lire ce philosophe dans la prospérité pour apprendre à n'en pas mésuser. J'attendrai donc ma convalescence, et jusqu'alors je laisserai dans sa cellule ce chartreux des philosophes couvert de cilice, exténué de jeûnes et de macérations, et heureux jusqu'à l'orgueil, de sa misère au milieu des trésors.

Les consolations les plus douces, les plus salutaires pour moi, sont celles que je trouve dans votre amitié et dans votre philosophie, plus analogue à la nature humaine, et aussi aimable que la vertu.

LETTRE XLVII.

Au même.

De Berlin, le 20 juin 1790.

Non, je n'ai jamais été aussi convaincue de la puissance des lieux sur l'imagination. La mienne, le croiriez-vous? prend ici la même couleur que celle des habitans. Sans cesse endormie, elle ne fait que rêver; et quels rêves? Plus d'admiration, plus d'élans, plus d'enthousiasme! L'insipide uniformité de la terre, la morne tristesse du ciel, la taciturnité des habitans; tout décompose mon être, et le plonge dans la même nullité que j'aperçois dans ce qui m'environne. L'ame enfin ne sent ici que son inexistence. Ah que je m'écrie souvent avec Virgile: *Italiam! Italiam!* Où sont ces Alpes audacieuses que mon imagination atteignoit quelquefois? ces Apennins variés, où elle erroit si agréablement? ces vallées paisibles, où naissent de si douces pensées? ces bocages odorans, asyles de l'amour? et ces prairies formées de mille fleurs diverses, dont le parfum appelle la volupté? Où sont donc tous ces objets

chéris de mon imagination, et qui affec-
toient si délicieusement mes sens? Hélas!
au lieu de ces régions aëriennes, au lieu de
ces paysages pittoresques, qui réveilloient,
qui charmoient cette imagination, et lui faisoient saisir le pinceau, ma vue tristement
bornée de toute part, ne la porte plus que
sur une nature engourdie et uniforme, sur
des espaces vagues et vides, sur des tableaux froids et inanimés, où elle n'aperçoit que des plaines arides et monotones,
où elle ne trouve, au lieu de fleurs, que
ce même sable que le déluge y a laissé,
(oh! il n'y en manque pas un atôme!) espèce de carte géographique qui ne présente
à l'œil que des lignes à tracer. Aussi,
pleine de dépit à l'aspect de ces tristes
modèles, elle jette son pinceau. Ah! que
je plains les hommes de ce pays, s'ils ressemblent à une telle nature! Voyez pourtant comme cette imagination inquiète a
besoin d'illusion! L'autre jour, la vue d'un
côteau de trois toises de haut l'enchanta.
Excédée de la platitude du pays, n'en fit-
elle pas tout de suite une montagne?
Voyez aussi son influence sur l'ame! Elle
donne ici à la mienne toute sa froideur,

tout son ennui, toute son indifférence; et sans le sentiment de l'amitié qui devient une passion pour un cœur tendre, mon ame seroit nulle.

Je vous dois donc le sentiment de mon existence. Adieu.

LETTRE XLVIII.

Au même.

De Berlin, le 30 juin 1790.

Peu s'en est fallu que je ne vous écrivisse aujourd'hui des champs Elysées. Hier à table *), au milieu de tout l'Olympe, j'ai prouvé aux yeux de tous, que je n'étois qu'une foible et bien foible mortelle. A une palpitation violente, à des éblouissemens qui déroboient tout à mes yeux, a succédé le frissonnement de la mort. Quoique je ne cesse de la désirer, j'ai voulu en cet instant l'éloigner de moi; le moment, la circonstance n'étoient pas propres à **ce** grand **acte de** la nature. Il faut mourir avec dignité, **et** tomber avec grâce, comme jadis les gladiateurs. Enfin, cette mort a tellement approché de moi, que tout l'Olympe s'en est ému; mais pourtant à la manière des dieux. Un grand général qui étoit près de moi, (être trop familier avec la mort pour s'émouvoir à son approche,) m'a reçue mourante dans ses bras. Qui pourroit en être jaloux? j'étois morte.

*) Chez le prince royal de Prusse.

Enfin, les vinaigres, les parfums, les spiritueux m'ont malheureusement rendu la vie; preuve de sa mobilité.

Donnez-moi bientôt signe de la vôtre. Vous ne me fûtes jamais si nécessaire, puisque j'ai été à la veille de ne vous voir plus. Ah plût-à-Dieu que je ne cessasse de voir mes amis que de cette manière!

LETTRE XLIX.

Au même.

De Berlin, le 25 juillet 179●.

Votre lettre que je reçois à l'instant, m'attriste. Vos craintes, vos alarmes, vos agitations sur mon sort aggravent encore mes maux. Hélas! ma cruelle étoile me poursuit jusque dans le cœur de mes amis! Je suis donc condamnée aussi à déplorer les peines que je leur cause? C'est ainsi que ma vie n'est qu'une chaîne de douleur et de perplexités.

Ah! si vous êtes dans l'alarme sur mon compte, quelles transes mortelles n'éprouvé-je pas sur le vôtre, en vous voyant livré à toutes les fureurs d'une tempête *dévastatrice,* qui menace de porter dans tout l'univers le ravage et la mort. Juste ciel! quelle est dont la vie d'une ame sensible! Est-ce pour la douleur seule que nous reçûmes ce don si précieux et si funeste?

Je pars cette nuit pour Francfort. Je

vais rejoindre mon mari qui s'y trouve, et qui, comme vous savez, doit traiter d'importantes affaires au rassemblement du collége électoral. Quelle vie que la mienne! quelle mobilité désolante pour un être qui sent et qui pense! Telle est ma destinée.

Je vous écrirai lorsque je le pourrai sans affliger votre ame; mais les maux que j'endure, vous le savez, sont d'une nature qui ne me permet guère d'espérer la guérison. Que je vous plains d'une telle correspondance! Il faut un cœur bien sensible et bien tendre; il faut une amitié bien vive et bien solide, pour résister à des détails aussi affligeans, à des sentimens aussi douloureux que ceux dont mes lettres sont empreintes. Avez-vous reçu la dernière? *) Quel triste in-folio? en vérité, c'est mettre votre cœur à l'épreuve. Conservez pourtant toutes mes lettres; peut-être pourront-elles servir un jour de matériaux à l'étrange histoire de ma vie, dont j'ai déjà tracé l'esquisse. Quel tableau à montrer aux ames honnêtes et sensibles!

*) Cette lettre a été supprimée.

Adieu, calmez vos inquiétudes sur une victime du sort; son mépris pour la vie lui sert à braver le malheur et les dangers. Qu'est-ce en effet qu'une telle vie? Je la compare à un frêle navire, exposé aux caprices et aux fureurs d'un élément inconstant et perfide. Il faut donc se préparer aux tempêtes, aux naufrages; et souvent même les affronter. Rassurez-moi le plutôt, le plus souvent possible sur votre existence, puisque je n'existe plus, hélas! que pour l'amitié.

LETTRE L.

Au même.

De Wilhelmsbad, près de Hanau,
le 2 octobre, 1790.

Plaignez-moi, plaignez-moi de mon silence! Comment parler à l'amitié? comment exprimer ces tendres sentimens, lorsque l'ame est pleine d'images tristes et affreuses, et que l'imagination est sans cesse frappée et poursuivie par des spectres réels, ou enfantés par le noir chagrin.

Je vais affliger un ami sensible! je vais peut-être le dégoûter de m'aimer! Voilà les pensées qui me font souvent abandonner la plume, lorsque mon cœur me dit de vous écrire. Oui, je crains que la constance de mes maux ne lasse enfin votre amitié pour moi. D'un autre côté, comment résister à la douceur de vous écrire, la seule qui me reste; et en vous écrivant, mon ame accoutumée à vous confier tous ses sentimens, peut-elle s'arrêter dans les élans de sa douleur? Hélas! vous ne les aurez que trop sentis, ces élans, dans ma dernière lettre! Vous y aurez vu que le sort qui me poursuit, sait me trouver par tout.

Je partois alors de Francfort pour aller à Aschaffenbourg, voir l'électeur de Mayence. Outre l'hospitalité la plus aimable, j'ai trouvé dans ce prince de la sensibilité. Connoissant ou devinant l'état de mon ame, il a mis dans ses attentions pour moi ces nuances délicates d'intérêt, qui n'échappent point à l'être malheureux qui en est l'objet.

Il a fallu être aussi accablée que je le suis, pour ne pas sourire aux charmes de cette cour. L'esprit et le goût du souverain en font le séjour le plus brillant et le plus agréable. Une société où règne l'aisance de la campagne et la politesse des cours; une table délicate et somptueuse; des spectacles champêtres de tous les genres; la chasse, la pêche, la promenade dans les jardins de *bois-joli,* *) où toutes les merveilles du midi se trouvent réunies aux beautés mâles du nord: voilà la cour de cet électeur, qui, comme vous voyez, représente parfaitement le premier élec-

*) Maison de plaisance de l'électeur.

teur de l'empire, et qui, par son ame et son esprit, est bien digne de cette éminente dignité.

En partant pour Francfort, où il va couronner le nouvel empereur, *) il m'a conseillé de venir ici à Wilhelmsbad, pour y attendre l'effet des bons offices qu'il m'a promis de nous rendre auprès de ce prince.

Si j'ai quitté une cour aimable, j'en ai trouvé deux autres ici. Ce Wilhelmsbad où je suis, est un séjour charmant, à un quart de lieue de Hanau, et à trois lieues de Francfort. Un palais est l'habitation des étrangers qui viennent s'y fixer pour y prendre les eaux. Cet édifice est situé au milieu d'un vaste jardin anglois. On y voit les Alpes, les Apennins, et des côteaux verdoyans; des vallées sombres, et de rians vallons; des torrens impétueux, et de tranquilles ruisseaux; des foréts sauvages, et des bosquets plantés par la main de l'art; les destructions du temps, et les productions des hommes; on y voit enfin,

*) Léopold II.

comme dans tous les jardins anglois, l'u-
nivers en miniature.

Ce séjour réunit une infinité d'agrémens et de plaisirs. On y jouit de cette liberté qui fait le charme de la vie champêtre; on y vit seul, ou en société.

La landgrave régnante, qui a sa maison
de plaisance au bout de ce jardin, et la
douairière, qui fait sa résidence à Hanau,
viennent presque tous les soirs embellir
encore ce séjour. La conversation, les
jeux, la danse, la musique, la promenade
sont les plaisirs qu'elles y attirent. Ces
soirées finissent par un souper chez l'une
ou chez l'autre de ces princesses.

Le voisinage de Francfort, où tout ce
qu'il y a de grand en Europe se trouve
rassemblé en cet instant pour le couronnement de l'empereur, attire dans cette contrée une multitude d'étrangers, qui rendent
encore ces cours plus brillantes, et Wilhelmsbad plus animé.

Voilà donc mes galeries. L'intérêt et
l'amitié que ces deux princesses témoi-
gnent à votre amie, l'aident à soutenir

l'aspect du plaisir, et un brillant qui produit sur une ame affligée le même effet que l'éclat éblouissant de la lumière sur une vue malade.

Dans un pélerinage aussi triste que le mien, n'est-il pas singulier de trouver dans un même endroit, deux princesses royales, et même trois, *) qui s'intéressent à mes peines? La troisième est la duchesse de Würtemberg, qui fait dans ce moment sa résidence chez sa sœur la landgrave douairière.

Ces deux cours, bien différentes des autres cours, sont donc un bienfait pour un cœur et un esprit flétris comme le mien. Celle de la landgrave régnante, par la bonhomie de la mère et des enfans, ressemble à une société d'amis réunis par le sentiment et le plaisir. Cette princesse a une ame, dont l'essence est la candeur et la bonté. Ce n'est ni l'attachement que j'ai conçu pour elle, ni l'amitié qu'elle

*) La landgrave régnante est sœur du roi de Danemarc. La douairière, et la duchesse de Würtemberg sont du sang de Brandebourg.

me témoigne, qui me la font voir ainsi; c'est l'aperçu de tous ceux qui sont faits pour connoître et apprécier une belle ame. Ses deux filles sont bien dignes d'une telle mère. L'aînée *) est belle, et son ame l'est aussi. La cadette **) est vive, aimable et enjouée.

La landgrave douairière a été et est encore la plus belle femme de l'Allemagne. C'est une figure de Junon, avec toute la majesté d'une déesse; le goût et l'élégance règnent à sa cour.

Pour la duchesse de Würtemberg, c'est un esprit fin, délicat, agréable, et si bien identifié avec le cœur, qu'on ne distingue pas si c'est l'un ou si c'est l'autre qu'on aime le plus en elle.

Vous voyez que ma vie ici seroit assez douce, si la douleur n'y mêloit son amertume.

J'attends donc ainsi le résultat des affaires que mon mari traite dans cet instant.

---

*) La princesse Frédérique, aujourd'hui princesse régnante d'Anhalt-Bernbourg.

**) La princesse Caroline.

Voilà une grande scène qui s'ouvre pour nous. Mais peut-on s'abandonner à l'espérance, lorsque le sort que l'on attend est dans les mains des hommes! Les rois pourtant devroient cesser d'être hommes lorsque la justice les prend pour arbitres. C'est alors qu'il leur seroit permis d'oser s'assimiler aux dieux. Vous savez combien ces affaires doivent influer sur la destinée de votre amie; mais hélas! l'infortune n'est pas le plus grand de ses maux.

Adieu, portez - vous aussi bien que moi, dont le corps demeure assez calme au milieu des agitations de l'ame.

LETTRE LI.

Au même.

De Francfort sur le Main,
le 12 octobre 1790.

Toute la Germanie est en mouvement pour l'élection de son chef. Toute l'Europe est ici réunie pour ce grand événement. C'est un tableau mouvant, où règne la confusion, la magnificence et le plaisir. Mais le moyen qu'une imagination aussi triste que la mienne puisse peindre l'agitation de la joie!

Le couronnement eut lieu avant-hier. Si vous voulez vous faire une idée du cortége d'un César moderne à son avènement au trône, figurez-vous celui d'un de ces fameux vainqueurs du monde, entrant à Rome en triomphe, et traînant à son char les nations et les rois vaincus par lui, comme des trophées de ses victoires. Les électeurs, les princes vassaux de l'Empire, les ambassadeurs des rois, suivant pompeusement le char du nouvel empereur, sont ici les trophées qui décorent sa marche superbe. Spectacle vraiment digne de la majesté impériale, et où se déploie avec éclat celle de tous les monarques de l'Europe.

Pour moi, à la vue de cet empereur, j'ai été saisie d'une vive émotion. Hélas! me disois-je, ma destinée est en ses mains! Il suffiroit qu'il fût juste, pour faire cesser une partie de mes maux. Je lui fus présentée hier par sa sœur, la reine de Naples. Je lui parlai avec cette vérité, cette énergie d'une ame malheureuse; ah! le langage de la douleur peut-il être faux? Je parlois, d'ailleurs, à un prince philosophe, digne d'entendre les tristes vérités que j'avois à lui rappeler. Je lui fis donc le tableau de l'état déplorable dans lequel ses ancêtres avoient plongé la maison de Gonzague, dépouillée par eux du patrimoine souverain qu'elle posséda pendant cinq-cents ans en Italie. Je lui dis, qu'il étoit digne d'un prince qui avoit déjà signalé son règne par la justice, de faire cesser une oppression qui portoit atteinte à la gloire de sa maison. — La justice est la première vertu des rois, lui dis-je. C'est donc au nom de cette justice qui repose dans l'ame de tous les hommes, et qui doit être si active et si puissante dans l'ame d'un roi, que j'implore votre majesté pour mon époux et pour la compagne de ses infortunes. En jurant la capitulation impériale, votre majesté a juré de faire droit à ses justes réclamations. Il est prince, innocemment malheureux des événemens qui jadis causèrent la chute de sa maison. Il est né vassal de l'Empire. Les électeurs reconnoissent et protégent ses droits, les ont recommandés à votre justice, et le sang des Gonzague coule dans vos veines. — Ici, l'empereur parut affecté. Il me fit quelques questions relatives à mon propre sort, qui m'engagèrent à le lui peindre. — Hélas! sire, lui dis-je en terminant ce triste récit, mon sort est tel, que si j'avois le malheur de survivre à mon époux, toutes les horreurs de la misère, le désespoir et la mort seroient alors mon unique refuge.

Le malheur est éloquent. Léopold fut ému. — Votre sort me touche, me dit-il. Je sais que vous avez sacrifié votre fortune et toute votre existence à votre mari. Il me semble pourtant ajouta-t-il, que la tendresse conjugale n'exige pas d'aussi grands

sacrifices. — Ils sont faits, sire, lui répondis-je avec l'accent de la douleur. Ils sont
faits, mais la providence, en mettant ma
destinée dans les mains d'un monarque
dont l'âme est au dessus de son rang même,
a voulu sans doute en adoucir l'amertume.
— Oui, votre sort me touche, et j'y prends
le plus vif intérêt; je m'en occuperai avec
plaisir dès que les circonstances m'en lais-
seront la liberté, et il me sera très-agréa-
ble de vous être personnellement utile. —
Ici, l'empereur me dit des choses si
flatteuses que je n'oserois vous les
répéter, malgré le plaisir que vous auriez à les savoir. Il daigna me parler
de ma famille qu'il connoît, plusieurs
des miens étant nés en Toscane. Il
insista même sur son ancienneté et son il-
lustration. Vaine gloire dûe au hasard, et
dont un être pensant ne sauroit s'enor-
gueillir!

Léopold a, dans le ton, les manières
et le langage, quelque chose d'affectueux,
et qui humanise l'âme et la réconcilie
avec la grandeur et le pouvoir. L'Europe doit se féliciter, en ce moment orageux, de le voir sur le plus élevé des

trônes. C'est une tête exercée et bonne.
Avec la connoissance des hommes il a encore cet esprit de justesse, d'examen et de
sang-froid, qualités si nécessaires à un légis-
lateur. Vous savez qu'il a gouverné un
petit état, de manière à faire connoître
qu'il étoit fait pour en conduire un plus
grand.

Je reviens à ce qui me touche. Le
résultat de cette conférence fut, qu'il falloit aller à Vienne. — Là, dit-il, je m'occuperai des réclamations de votre mari;
je m'occuperai surtout de vos propres intérêts. — Ah! que l'espérance se glisse aisément dans une ame affligée! Je sors fort
émue de cet entretien; je traverse dans
l'antichambre la tourbe des courtisans,
dont la mine sèche et refrognée semble
se dérider un peu à la vue d'une femme
les yeux mouillés de larmes.

Je fus présentée le soir à l'impératrice,
qui m'accueillit d'une manière distinguée
et affectueuse. Que la véritable piété est
douce et compatissante! Cette princesse, qui
en est le modèle, s'attendrit au tableau de
ma situation, me dit les choses les plus

obligeantes et les plus sensibles, et me promit de s'intéresser pour moi auprès de son époux. La reine de Naples, à qui j'ai rendu compte de ces conférences, m'a promis aussi les plus vives sollicitations pour moi, et m'engage à partir incessamment pour Vienne.

Mon mari me chargé de sa procuration pour aller y traiter en son nom cette importante affaire. Je ne puis le déterminer à y venir aussi. Les maux qu'on lui a fait là, et la haine dont ils sont presque toujours accompagnés, causent sa répugnance pour un parti qui seroit sans doute bien raisonnable; mais que peut la raison sur le sentiment et sur le ressentiment!

Enfin, je vais nager dans un océan inconnu pour moi. Arriverai-je au port? ferai-je naufrage? En le prévoyant, en le redoutant, puis-je hélas l'éviter! Ah! je n'éprouve que trop, combien on est violemment poussé par sa destinée, et que toutes les précautions de la raison ne sauroient la changer! Abandonnons-nous donc à cette étoile errante qui roule sur nos têtes, et que la providence seule peut éloigner de nous.

Adieu, plaignez-moi, sans vous trop affliger sur mon sort; soyez mon pilote dans cette nouvelle navigation; aidez-moi à éviter les écueils, et éclairez-moi au milieu des ténèbres qui m'environnent.

LETTRE LII.

A madame la comtesse de . . . . à Berlin.

De Vienne, le 10 décembre 1791.

Vous voulez donc que je me livre à ma misanthropie, en vous parlant des hommes? Je ne connois ceux-ci que par des aperçus. Vous savez que je suis ici trop occupée de moi pour m'occuper des autres; et il est bien temps enfin de songer à soi quand on n'y a pensé de la vie. Je n'ai donc jeté qu'un coup-d'œil rapide sur ce pays et sur ceux que j'ai parcourus en Allemagne, et je pense que des observations profondes à cet égard seroient superflues chez des hommes qu'une certaine franchise de caractère laisse sans déguisement, sans défiance, et dans l'impuissance d'échapper à l'œil observateur.

La dissolution des mœurs, devenue une espèce d'épidémie, qui dans ses ravages a tout perverti, tout dénaturé, a sans doute moins influé sur le caractère primitif des Allemands, que sur celui des autres peuples. Le flegme moral et physique de cette nation doit rendre les hommes moins prompts et moins faciles à recevoir les impressions étrangères.

Le ciel et le climat sous lequel ils vivent, si contraire au brillant de l'esprit, est favorable à la raison. C'est sous un tel ciel que devroit être sa patrie, si elle habitoit parmi les mortels. Ce climat qui éteint le feu du génie, qui nuit aux grâces de l'esprit, et empêche l'imagination d'éclore, comme il empêche ici certaines fleurs et certains fruits de naître, donne en revanche ce sang-froid, ce jugement, cette justesse, qui fait les bons esprits et les hommes solides. Le calme qu'il laisse à l'ame, doit produire sur elle cette heureuse température, si nécessaire à la sagesse et à la raison. Cette nation sera donc peu susceptible de ces vertus d'éclat qui demandent le feu sublime de l'enthousiasme, et qui cherchent la gloire, et y mènent; mais elle aura des vertus plus analogues à notre être, plus près du bonheur, et qui ne veulent qu'une ame calme et une imagination tempérée.

Le commerce des Allemands ne sera donc ni vif ni brillant, mais tranquille et solide. On n'a pas besoin d'être dix ans à étudier de tels hommes, ni d'avoir après ce tems-là la douleur de ne pas les connoître, comme mes chers compatriotes, les Italiens, que l'on ne connoît de la vie, parce que leur caractère est presque effacé, et qu'ils cachent encore artificieusement ce qui leur en reste.

Les Allemands ont la plupart une fenêtre au cœur, et y regarde qui veut. Cela est commode et fort doux; car vivre sans cesse avec des masques est une chose pénible, douloureuse, et à laquelle ma franchise et ma patience ne tiennent point.

Pour le peuple, il conserve encore à-peu-près son caractère et son génie primitif, avec ces différences, ces nuances que doivent apporter sur les hommes le changement des lois, du gouvernement et de la religion; changement dont l'influence se fait surtout sentir dans les mœurs du peuple.

Vous savez que les Germains étoient durs et rapaces. Tels sont, dans cette classe, leurs descendans, avec les vices en sus.

qu'engendre la corruption. C'est une espèce si rude, si âpre, si insatiablement avide; elle moleste, vexe, persécute à un tel point les étrangers, qu'elle leur rend le séjour de l'Allemagne pénible et désagréable. Mais cette âpreté, qui fait l'essence de leur être, vient-elle de la réflexion de leur ciel? Est-ce la nature qui forme ainsi les hommes, ou les hommes qui pervertissent ainsi la nature?

A l'égard de la société particulière de ce pays, elle me paroît douce et facile. Le peu de culture qu'on y trouve dans une certaine classe, est remplacé par cet usage du monde et cet esprit de convention, qui dans la grande compagnie tient lieu du véritable esprit.

Quant aux mœurs de cette classe, elles sont comme celles de tous les hommes chez lesquels l'excès de la richesse et du luxe facilite toutes les jouissances.

Le climat dont la puissance a tant d'empire et de force sur l'organisation des hommes, et d'où résulte presque tout ce qu'ils sont en bien et en mal, leur a été favorable ici du côté de la forme physique. Ce peuple est beau et bien-fait; ce sont ces mêmes Germains dont la haute taille étonnoit les intrépides Romains. Leurs traits, leurs physionomies sont bien prononcés, et ont un caractère mâle: mais cette délicatesse, ce moëlleux, cette élégance des formes, enfin, ces proportions parfaites, qui ont fait les Apollons et les Narcisses, manquent à la tête et au corps. Vous savez que c'est le soleil qui fait tout cela. Les femmes sont plus jolies que belles, et elles ont en dépit du climat, de la vivacité, et même des grâces.

Mais le ciel dont je vous parle tant, est-il ici plus doux, plus gracieux que les hommes? Levez les yeux vers lui; vous le verrez presque toujours trouble, ténébreux, et surtout inconstant à l'excès. Si le soleil luit un moment, le voilà qui disparoît tout-à-coup sous de sombres nuages; un vent impétueux chasse à l'instant ceux-ci, et soudain un orage lui succède. Voilà les jours et les nuits de Vienne, depuis le premier jusqu'au dernier de l'an. Ajoutez-y la transition subite de la glace au feu, et ce brouillard surtout qui absorbe l'imagination, et qui seul me rendroit malheureuse.

Soyons donc un peu indulgens envers des hommes qui vivent sous un ciel si peu favorable, et où l'imagination, la vivacité et les grâces de l'esprit seroient une espèce de phénomène en contradiction avec la nature et ses lois.

Voilà mes aperçus. L'état de mon ame, l'affaissement de mon esprit, et l'accablement que me cause l'affaire *) que je poursuis ici nuit et jour, m'ont empêchée d'approfondir davantage mes observations, et de mieux voir les hommes de ce pays. Je n'ai fait que jeter un coup-d'œil rapide sur eux, et ma mauvaise humeur, ma misanthropie ne m'ont pas permis de les trouver plus beaux.

Vous savez à quel exil je me suis condamnée ici, où, excepté la cour, je n'ai vu, depuis un an, ame qui vive. Que ferois-je, que serois-je dans un monde, qui exige une amabilité, une complaisance, qui ne sont point

*) Il est question ici de l'affaire dont il est parlé dans la lettre précédente, concernant la revendication de certaines souverainetés en Italie, que le prince de Gonzague réclamoit alors de la maison d'Autriche par le ministère de son épouse. *Note de l'éditeur.*

le cortége du malheur? Que feroit d'ailleurs ce monde-là de ma misanthropie? Et, philosophie à part, je ne suis point assez sotte pour m'y montrer sans cette dignité qui convient à un nom qui donna deux impératrices à cet empire. Ma philosophie, vous le savez, se soucie fort peu de cet éclat factice qui n'est pas moi; mais les hommes ne lui ressemblent guère, et ils sont si inconséquens, si injustes, qu'ils ne pardonnent pas même les maux qu'ils causent. Adieu.

LETTRE LIII.

A la même.

De Vienne, le 25 décembre 1791.

En jetant sur Vienne un coup-d'œil général et rapide, comme sur un tableau où l'on voit confusément toutes les figures en action, sans savoir d'abord ce qu'elles représentent, il n'y a pas de ville qui offre un spectacle plus vivant, et plus gai. C'est le phénomène rare ou plutôt inconnu d'une ville corrompue et heureuse.

Vienne est, en tout, le contraste de Berlin. Considérée sans les faubourgs, cette ville est petite, sans plan, sans ordonnance, sans régularité, et semble avoir été bâtie sans projet, à bâtons rompus, et nullement pour une telle population. Aussi, on s'y heurte, on s'y choque, on s'y presse; aucune beauté extérieure n'y arrête les regards; l'art d'animer la pierre est inconnu en Allemagne. Les places, les théâtres, les temples, tout cela est barbare ici pour des yeux et des sens formés dans

la patrie des Bernin et des Michel - Ange.
Mais au défaut de la décoration des arts,
on a ici la richesse que donnent l'industrie
et le commerce; par tout du mouvement,
de l'activité. Toutes les rues, tous les
quartiers sont bruyans, animés par une population immense. Tout y offre enfin le
spectacle d'une ville brillante et prospére.
Le tableau du luxe, qui ailleurs a toujours
pour pendant celui de la misère, figure
seul ici. Arrivés à Vienne, vous ne voyez,
vous ne distinguez que deux ordres de
citoyens, noblesse et bourgeoisie; le peuple ne s'aperçoit point. Son luxe le confond avec cette seconde classe, et souvent
même avec la première. La soie, la do-
rure, la dentelle composent ici son costume. Une fille de cabaret a, les jours de
fête, pour quarante à cinquante ducats
dans son habillement. Une calotte d'or
sur la tête, des bijoux au cou et aux bras,
un corset, une jupe d'étoffe, un tablier
falbalisé, souvent du rouge; voilà le costume du cabaret, que vous prendriez pour
celui des coulisses, et la plupart des femmes du peuple pour des figurantes de bal-
let d'opéra. L'élégance, la coquetterie qui

se promènent ici dans les rues, ornent et déshonorent les femmes et les filles de cette classe, chez lesquelles la vertu n'a d'autres garants que la modestie et la simplicité.

Ce peuple qui aime passionnément le plaisir, travaille peu; la nuit le surprend rarement à l'atelier, et tout le fruit du travail de la journée est dévoré avant qu'il se couche. On le voit dans tous les spectacles, dans toutes les promenades, dans tous les lieux publics. Sa table est celle d'un bourgeois aisé; quatre ou cinq plats est l'ordinaire d'un journalier. Les cabarets et les guinguettes dont la ville et les faubourgs sont pleins, sont leurs lieux de réunion et de divertissement. Là les deux sexes sont confondus; leur but est la table la danse et la musique; car ce peuple est danseur et musicien, et chaque servante a son maître à danser, et balbutie quelques airs sur le psalterion ou la harpe. Pas de jours où il n'y ait, dans chaque faubourg, quelques-unes de ces orgies. Le dimanche surtout, l'air retentit des accens du plaisir; en un mot, c'est un vrai pays de cocagne. Mais comment tout cela se fait-il? on le devi-

ne! Au premier coup-d'œil le cœur s'épa-
nouit en voyant par tout l'aspect du bonheur et de la prospérité, et nulle part
celui de la souffrance et de la misère; mais,
en cherchant la cause de cette apparente
prospérité, on la trouve avec douleur dans
une corruption extrême, et dans tous les
vices qui en sont la suite. Heureusement
ils sont combattus ici par un climat, qui,
en amortissant les passions, rend plus lents
et moins actifs leurs funestes effets. Mais
la dureté, la mauvaise foi de ce peuple,
l'arrogance, l'insolence que lui inspire le
luxe qui l'environne, font bien voir que
la tempérance, la modération, la médiocrité sont la sauve-garde des mœurs et du
bonheur de cette classe, sur lesquels repose la sureté de tous.

Rois de la terre! veillez avec soin sur
les mœurs et la religion de vos peuples:
c'est de leur corruption, c'est de leur im-
piété que naissent la licence et l'anarchie qui
renversent le trône, l'autel, et sapent les
fondemens de toute société. Enchaînez ces
hommes qui peuvent devenir des tigres,
et vous dévorer, comme le font voir les

terribles scènes de nos jours; mais que leurs chaînes ne soient point aperçues par eux; qu'ils n'y voient que des fleurs, et non les fers qui les lient; et par vos vertus, anéantissez leurs vices, ou plutôt empêchez-les de naître!

LETTRE LIV.

A la même.

De Vienne, le 21 janvier 1792.

Voici une singulière aventure dont j'ai été témoin ce matin. Je me promenois sur les remparts de la ville, lorsqu'une femme demandant l'aumône, un enfant dans les bras, s'adresse à un passant. Celui-ci s'arrête, fixe l'enfant, jette un cri, et l'arrache du sein de la femme. Cet enfant étoit le sien, que cette misérable avoit loué de la perfide nourrice, pour exciter par cet aspect touchant la charité publique.

Voilà un trafic d'un genre singulier, qu'on m'a assuré être usité ici, et un trait nouveau de perversité humaine. En voici la source. Les nourrices de tous les ordres sont ici des prostituées. Ainsi l'homme, en sortant du sein de la nature, tombe dans celui de l'infamie. Voilà comme il entre à la vie: jugez comme il doit en sortir!

Que dites-vous de cette prostitution de la nature et de l'humanité? et de cette abnégation de tout sentiment maternel? vous pour qui les devoirs de mère sont une source de jouissances et de bonheur? Voilà les capitales! Les hommes entassés comme des troupeaux, y sont, comme eux, trafiqués et dévorés par la rapace férocité du vice.

C'est ainsi que tous les liens se brisent par la violation de l'hymen, de ce nœud sacré qui les forme tous; et c'est ainsi que la dépravation des mœurs vient attaquer et outrager la nature jusque dans son vrai sanctuaire, dans le sein maternel!

Les horribles convulsions dans lesquelles la France expire, ses forfaits inouis font voir à quel point la perte des mœurs et l'oubli des premiers principes de la morale peuvent devenir funestes. Lorsque la corruption des cœurs en a chassé la nature, la société se décompose, se dissout, et périt. Sa conservation n'a sa base que dans l'union conjugale. C'est de cette première société, c'est de son sein que s'élèvent les vertus publiques et privées; et s'il est un bonheur réel et stable sur la terre, il n'existe que dans l'asyle conjugal, dans le doux accord des époux, et dans l'inviolabilité de leurs liens. En les bri-

sant on rompt la chaîne de toutes les affections sociales.

Oui, l'âge d'or renaîtroit, si la foi des
époux demeuroit inviolable. Cette union
sainte feroit des hommes une seule et
même famille, dont la tendresse et les
vertus resserreroient encore les liens du
sang.

Mais hélas! ce que j'écris ici ne sera
qu'un rêve pour un siècle qui aime mieux
ses vices que son bonheur. Adieu.

LETTRE LV.

*A madame la duchesse de Würtemberg,
à Montbeillard.*

De Vienne, le 4 février 1792.

Madame,

La gracieuse lettre dont vient- de m'honorer votre altesse royale, a produit sur
mon ame une heureuse métamorphose.
L'émotion la plus vive, la joie la plus
douce, le désir de revoir une princesse
vers laquelle je suis entraînée par tous les
penchans: tels sont les sentimens dont je
suis animée en lisant cette aimable lettre.

L'intérêt que votre altesse royale daigne prendre à ma destinée, seroit seul un
lien pour mon cœur.

Les orages qui me suivent ne sont
point encore dissipés. Je pourrois pourtant me livrer à l'espérance de voir renaître des jours plus sereins, si mon ame n'é-
toit fermée aux douceurs de ce sentiment,
et devenue, pour ainsi dire, inaccessible
au bonheur.

Mais je parle de moi à votre altesse royale, lorsque mon cœur n'est plein que d'elle, et que je regrette sans cesse ces instans agréables où je jouissois du bien de la voir, et qui ont disparu comme ces songes enchanteurs qui font murmurer contre le réveil. Ces regrets prouveront à votre altesse royale combien le désir de la revoir doit m'agiter délicieusement, et combien ce qu'elle daigne me dire à cet égard combleroit mes vœux. Mais, hélas! l'étoile qui me poursuit, contrarie sans cesse mes désirs les plus chers, et détruit tous les élémens de mon bonheur. Cependant il m'est impossible de renoncer à de si douces espérances, et de ne pas former mille projets pour me rapprocher de votre altesse royale.

Je ne puis lui peindre combien mes inquiétudes sont vives en la voyant si près de ces contrées célébres, livrées aujourd'hui à toutes les fureurs du délire, à toutes les horreurs de l'anarchie. Cette idée m'agite nuit et jour, et le destin de la France m'intéresse surtout par son voisinage de Montbeillard.

Que ne puis-je enlever votre altesse royale aux influences de ce ciel trouble et irrité, et la placer sous une région calme et heureuse!

Celle sous laquelle je me trouve est plus tranquille, et si tranquille pour moi, que Vienne, quoique très-brillante et très-animée, n'est qu'un désert à mes yeux. Le malheur trouve si peu d'êtres qui s'intéressent à lui, et qui soient dignes de s'y intéresser; il figure d'ailleurs si mal dans le monde, que la solitude est son unique asyle. Ainsi les spectacles, les fêtes, tout ce que la gaieté nomme plaisir, a été pour moi des rêves que je n'ai pas même faits. Mon isolation, cette espèce de divorce avec le genre humain, a fait ici quelque sensation; et on a eu la bonté de me désirer dans un monde où il faut apporter une amabilité que je n'ai point, une sérénité d'ame bien loin de moi, et que je ne retrouverois qu'à Montbeillard.

Si le ciel exauçoit mes vœux, s'il m'amenoit dans cette heureuse contrée, les personnes dont votre altesse royale me dit avec tant de grâce et de bonté que j'ai fait la conquête, deviendroient bien vìte inconstantes en me voyant; et c'est votre altesse royale, c'est elle, qui inspirant tout ce qui l'entoure, a communiqué à ces personnes son indulgence pour un écrit *) qui n'est que le résultat des impressions d'une imagination vive et d'une ame sensible. Tout ce que votre altesse royale daigne dire et penser sur cette foible production, est un triomphe auquel je n'aurois jamais osé prétendre. Mais l'attrait en est si flatteur, si séduisant; tant d'esprit, tant de grâces, tant d'imagination animent ses pensées, que fermant les yeux sur moi-même, je me livre au charme de l'illusion; trop flattée d'avoir pu servir de modèle à de si belles et de si agréables images.

Il n'en est pas ainsi du portrait **) dont elle me parle, et qui se trouve dans cet écrit. Production de l'amour, il a tous les défauts, toutes les invraisemblances de

*) L'ouvrage de l'auteur.

**) L'auteur parle ici de son portrait, fait par son mari, que l'on a vu dans le premier volume de cet ouvrage. *Note de l'éditeur.*

cette passion aveugle, et lorsque votre altesse royale daigne trouver ce portrait ressemblant, c'est qu'elle m'embellit du sentiment de ses bontés.

Je suis avec le plus vif et le plus tendre dévouement etc.

LETTRE LVI.

A madame la comtesse de . . . . à Berlin.

De Vienne, le 20 mars 1792.

Eh bien! que dites-vous de mon étoile? N'est-elle pas bien sombre, bien opiniâtre et bien cruelle? Hélas! elle avoit jeté quelques rayons de clarté sur mes tristes jours; son influence me sembloit devenir bienfaisante; et la voilà qui tourne encore contre moi, en amenant la mort subite de l'empereur, *) à l'instant où ce monarque, frappé du sentiment des cruelles injustices de ses pères envers un sang illustre et malheureux, alloit changer sa destinée **). Avois-je tort de ne pas m'abandonner à l'espérance? Je sentois que le bonheur ne m'apparoissoit un moment que pour me fuir de nouveau! Me voilà donc aujourd'hui à la merci des ennemis d'une affaire qui embrasse toute mon existence. Ah! la vie n'est qu'un songe inquiet, plein de trouble et d'agitation, un songe de malade,

*) Léopold II.

**) Ceci a rapport à l'affaire dont il est parlé dans la note, page 176.

et non de ceux que l'on fait dans la bonne santé. Non, il n'y a de réel, de grand, de solide que la vertu; et si elle existoit sur la terre, le bonheur y seroit aussi. Mais si elle donne le calme, elle est jalouse de le conserver. Elle fuit les agitations et les passions toujours en contradiction avec elle. Cette lutte blesse sa pureté. Son état est ce repos imperturbable d'un être divin. Semblable à la chasteté, qui, bien que sûre d'elle-même, évite les amorces séduisantes de la volupté; ainsi, l'adversité, et une prospérité trop grande sont également funestes à la vertu.

Toutes ces pensées et les sentimens qu'elles font naître, m'ont conduite ce matin comme par instinct aux bords d'un tombeau; (c'est celui de l'impératrice Eléonore de Gonzague). En le contemplant je disois: Tu vois en moi une triste victime de l'influence fatale qui poursuit ici ton sang! Sa mort que j'avois devant les yeux, faisoit rentrer le calme dans mon ame, et la soulageoit du poids accablant de la vie. Oui, disois-je! la nature a voulu la mort pour rendre aux créatures humaines ce repos si rare sur la terre, et pour consoler la vertu malheureuse par l'espérance d'une vie, où elle ne luttera ni avec le sort ni avec les hommes. Ah! que seroit-on, que deviendroit-on dans l'adversité sans cette sublime et consolante idée? sans les élans de l'ame vers cette source divine de tout bien, de tout bonheur? sans l'espérance de cet heureux repos qui ne peut être le partage que de l'immortalité?

Que je plains le sort de l'athée! Le malheureux! quelle consolation a-t-il, et peut-il avoir dans les orages de la vie? Son ame de glace, privée de tout sentiment, de tout courage, est dans les revers l'image la plus effrayante, la plus désolante de l'humanité. Oui, l'athée est un monstre et pour lui, et pour les autres. Il l'est pour la nature entière. Voyez-le promener ses regards sombres et stupides sur l'univers! Une béte farouche est-elle différente d'un tel être? Ne feroit-il pas penser que le néant qui est dans son ame, sera son partage? et que l'auteur de la nature qu'il désavoue, qu'il trahit, le repousse de son sein, et l'exclut de l'immortalité? Oui, je le crois, il est des êtres si pervers, qu'ils ne sauroient appartenir à l'immortalité.

Faites décider ce cas de morale et de philosophie par notre savant et vénérable ami, *) dont l'ame et le génie sont pleins d'inspirations divines, et qui ne m'en croira pas moins pénétrée de la foi la plus vive pour l'immortalité que j'attends.

Il ne vous manquoit plus, belle comtesse, que de vous promener avec moi parmi les tombeaux. Que mon amitié est indiscrète et sauvage! Que voulez-vous donc faire d'une amie qui n'est plus qu'une ombre? Oubliez-la jusqu'aux champs Elysées. Laissez-la gémir en silence, et errer solitairement. Et vous, vivez parmi les ris, les plaisirs et les grâces qui vous environnent. Adieu.

*) Monsieur le conseiller-privé et pasteur Erman, aussi recommandable par ses qualités morales, que par les profondes connoissances qui l'ont illustré dans la carrière littéraire, et qui réunit à ces éminentes qualités, toutes les grâces de l'esprit, toute l'amabilité d'un homme du grand monde. C'est dans l'ame de cet ami respectable que j'ai trouvé souvent des consolations et des douceurs.

LETTRE LVII.

A la même.

De Vienne, le 5 mai 1792.

Hélas, oui! chère amie, votre image charmante est bien vraie; *si près du port, je suis rejetée au milieu d'une mer orageuse.* Et quels écueils, grand Dieu, ne vais-je pas rencontrer encore dans le nouvel océan où je navigue aujourd'hui!

Le fatal événement *) qui vient de me frapper, n'est-il pas un signe bien visible de l'étoile implacable qui me poursuit? Eh! comment lutter avec les astres! que faire contre le destin! Avoir du courage? mais les revers affoiblissent les ressorts de l'ame, comme ceux du corps. Abandonnons-nous donc au destin inévitable; cédons aux tempêtes de la vie; fermons les yeux à l'aspect des écueils que nous ne pouvons éviter; et livrons au gré des vents et des flots, le frêle navire qui nous entraîne. Portée naguère jusqu'au rivage de la mort, je l'ai contemplé longtemps avec le désir et l'impatience d'un

*) La mort de l'empereur Léopold II.

voyageur, qui, battu par d'affreuses tempêtes, fait des vœux pour arriver au port.
Vœux inutiles! la mort n'a pas voulu de
moi; elle fuit ceux qui l'implorent; elle
laisse lutter long-temps les êtres malheureux avec les caprices du sort.

La nature seule apporte quelque sou-
lagement à mon ame; son aspect la calme,
la console, et la charme encore; je la cherche, et je fuis les hommes qui l'abandon-
nent dans leur perversité. Ah! s'ils se
rapprochoient d'elle, ils seroient moins mé-
chans! Ici, au bord du Danube, elle est
tout à la fois majestueuse et riante. Vous
connoissez ma passion pour les rivières.
Celle-ci me séduit tellement, que je suis
quelquefois tentée de me laisser entraîner
par elle; mais lorsque j'en suis moins épri-
se, je ne fais que la suivre lentement, je
vais souvent la chercher dans un jardin...
Ah! quel jardin! brûlez, brûlez tous vos
jardins artificiels, et venez vous promener
avec moi à l'*Augarten*.

Hier, après une nuit agitée et des rêves
funestes, (car je ne voyois autour de moi que
dés hommes tels à-peu-près que ceux qui
désolent aujourd'hui l'humanité) je sentis à

mon réveil qu'une triste réalité, accompagnée encore de songes effrayans, finiroit par ne plus faire de moi qu'une insupportable misanthrope. Je me lève inquiète, troublée, non d'un songe, Hélas! dans ce désordre de moi-même, vous le savez, je me réfugie toujours au sein d'une belle nature: là je trouve mon salut. Je pars donc. Il étoit trois heures après-midi; mon frère me dit: Où allons-nous? où dînons-nous? Je n'en sais rien, et j'arrive à l'*Augarten.*

Cet Augarten présente d'abord un jardin magnifique; mais cette magnificence n'est encore ici que celle de l'art. Ce sont toujours de grandes allées bien dessinées, bien alignées, impénétrables aux rayons du soleil, mais où l'art a gêné la nature; les rossignols qui la chantent, l'imitent mieux; et les jolies femmes, bien moins belles que vous, qui promènent leur coquetterie dans ce jardin, ne se soucient guère d'elle. A l'entrée principale est un vaste édifice, où tout est consacré à la bouche des Viennois, qui, comme vous savez, n'est pas petite. Il est composé de grandes galeries joliment décorées, où l'on vous sert à manger depuis le matin jusqu'au soir. On va là en nombreuse compagnie, ou seul, ou à-peu-près. Devant cet édifice est une place circulaire environnée de grands marroniers, sous lesquels sont des tables pour les repas; mais ce n'est pas là que je prends les miens. Je m'achemine dans ces belles allées; j'arrive à un cours planté d'arbres, le long duquel règne une agréable prairie. Ma promenade favorite est une terrasse élevée qui environne cette partie du jardin, et au bas de laquelle coule lentement le Danube. Là, ma vue s'étend au loin sur une chaîne de montagnes pittoresquement dessinée; elle y parçourt les bois et les habitations champêtres dont elle est couverte, les hameaux et les villages jetés çà et là; elle descend dans de rians vallons; elle remonte sur des groupes de collines couronnées de bocages; elle se repose doucement sur de vertes prairies, où paissent de nombreux troupeaux, et de là elle contemple tristement une partie de la ville; car l'aspect des villes, et surtout des grandes villes, m'attriste. Devant moi et sous mes yeux est la forêt du Brigit; c'est la partie sauvage du jardin, et le clair-obscur du tableau.

C'est là que je passe, non de beaux jours, mais des jours paisibles; tant les charmes de la nature influent sur mon ame.

Cette forêt qui s'étend à une lieue, est traversée dans toute sa longueur par le Danube, dont le rivage offre une promenade délicieuse, et qui dans son cours tranquille semble se prêter à la gaieté et aux plaisirs de ses bords. Mais il n'est encore ici qu'une agréable rivière. Suivez - moi: vous le verrez fleuve dans toute sa majesté. A l'entrée de ce bois vous trouverez nombre de maisonnettes où l'on mange aussi; car où ne mange-t-on pas à Vienne? Mais ce qui vous paroîtra singulier, c'est que le luxe des grandes tables et leurs délicatesses se trouvent dans ces cabanes de pasteurs. Les jours de fête surtout les plaisirs accourent en foule, dans ce bois et il devient alors un spectacle digne du peintre et du philosophe: non de ce philosophe qui pleuroit sur les hommes, mais de celui qui tout en riant de leur folie, sourioit à leurs plaisirs. Ce philosophe seroit enchanté de voir une forêt devenir tout-à-coup une ville animée. Ce specta-

.cle parleroit à son cœur; il jouiroit avec complaisance de la gaieté, des aimables folies de ses semblables, et finiroit peut-être par les partager.

Dans toutes ces cabanes, il y a des repas; il y en a sous les arbres, sur les prairies, au bord de la rivière; et des instrumens répandus dans le bois célébrent l'appétit et la gaieté. L'élégance du costume du peuple présenteroit encore, dans ce tableau, l'image d'une prospérité générale, si le luxe qui s'y montre avec excès ne faisoit naître des idées contraires.

Il n'est pas permis d'être malheureux en ce lieu; aussi je le quitte: je traverse la rivière, et me sauve dans la forêt vis-à-vis. Là, je me trouve seule avec la nature. Ah! qu'elle y est belle, sublime! Le Danube, qui sépare cette partie de la forêt, devient ici une mer, s'y répand majestueusement, et s'y divise en plusieurs branches, qui toutes forment des îles. Eh! quelles îles! Celle de Paphos n'est rien auprès. Les unes sont couvertes d'épaisses forêts; d'autres portent des bocages charmans; d'autres des prairies, où les fleurs et les oiseaux mêlent leurs couleurs; la beauté de la nature y humanise les animaux sauvages; le cerf y joue et y bondit; le rossignol y chante la volupté, et les autres habitans de l'air y suivent sans géne et sans contrainte leurs amoureux penchans. Au bout de cette forét enchanteresse le Danube disparoît. Là est un hameau; que dis-je, un hameau? C'est le commencement d'une ville, et telle qu'elles devroient être toutes, pour y trouver le bonheur qui les fuit. Ce sont de petites maisons à un seul étage, bien bâties, peintes en dehors, et où l'aisance se montre par tout; les habitans ainsi logés présentent l'image de la santé et de cette douce et paisible gaieté qu'on ne trouve qu'aux champs.

Voilà l'*Augarten;* voilà le Danube; voilà ou je vous trouve souvent, chère comtesse; voilà enfin une peinture où vous ne verrez ni vie, ni grâces, ni coloris: c'est l'esquisse d'un peintre sans inspiration, qui a jeté sur ce dessein tout le froid de son imagination, tout le sombre de son ame.

Soyez indulgente, aimable amie; plaignez ce peintre, et aimez-le toujours. Adieu.

LETTRE LVIII.

A monsieur de . . . . à Vienne.

De Vienne, le 24 juin 1792.

Comment se porte le philosophe de Luxembourg? Comment va son ame et sa goutte? Je crains pour lui. Un génie ardent, une ame sensible, sont de grands ennemis de ce corps qui entre pourtant pour quelque chose dans notre bonheur. Comme l'amitié n'a pas les ailes de l'amour, je lui offre des chevaux qui ne ressemblent guère à Pégase. Il sait fort bien que ceux-ci ont une autre allure; mais ils pourront pourtant le mener terre-à-terre jusqu'ici, pour venir y faire assaut de philosophie, non de cette philosophie désolante, ennemie du bonheur, et qui augmente les accès de goutte; mais d'une philosophie douce, salutaire, et qui console l'ame de se trouver dans une si chétive enveloppe, par l'espérance de s'en débarrasser.

LETTRE LIX.

A madame la comtesse de . . . . à Berlin.

De Vienne, le 15 octobre 1792.

Quel sort! quel inconcevable sort que celui de la France! quelle chute, grand Dieu! dans quel abyme l'excès de la corruption précipite-t-il un grand peuple! Combien tout ce qui l'entraîne à sa perte, y a dénaturé l'homme! Sa barbarie, sa férocité, ne porteroient-elles pas plutôt le caractère de l'enfance de cette nation, que celui de la raison et de la maturité où elle sembloit être parvenue? Est-ce dans le temps de sa plus grande civilisation, lorsque ses lumières et son savoir la rendoient l'honneur de son siècle, qu'elle manifeste des cruautés qui la font rétrograder vers la barbarie! *) Ah! il n'est que trop vrai! la corruption suit presque toujours ces avantages; et lorsqu'elle est parvenue au comble, tout doit périr par elle. Oui, lorsqu'une philosophie perverse a répandu avec éclat son funeste poison

*) Le terrorisme exerçoit alors toutes ses fureurs.

dans tous les cœurs, en érigeant en systè-
me les principes les plus monstrueux;
lorsque cette philosophie est devenue populaire; que par elle tout ce qu'il y a de
sacré parmi les hommes n'est plus que
vain préjugé; alors la nature et l'humanité fuyent du cœur de l'homme, tout se
pervertit, tout se déprave en lui, et il
n'est plus d'excès où sa raison égarée ne
le précipite.

C'est à cette époque effrayante de perversité que ses passions et ses vices, ne
connoissant plus de frein, renversent tout
obstacle, et brisent tous les liens. Exclu,
pour ainsi dire, de la nature, isolé au sein
même de la société, l'homme en devient
l'ennemi et le tyran. Alors les empires
croulent et disparoissent. Ainsi périrent
Rome, Carthage, la Grèce et tant d'autres
états, qui après des siècles de grandeur et
de gloire sont effacés de la surface de la
terre, et il n'en reste qu'un souvenir odieux
et funeste.

Ainsi, hélas! va périr la France par
elle-même. Non, ce ne seront point les
armées étrangères qui détruiront cet empi-

re; les mêmes mains, les mains parricides qui déchirent aujourd'hui le cœur de leurs concitoyens, déchireront aussi les entrailles de leur patrie. Les voilà donc, ces hommes si fiers de leur savoir, de leurs lumières; ces législateurs, ces précepteurs du genre humain, qui vouloient apprendre aux nations l'art de vivre! Sont-ce les mêmes hommes qui tombent dans un délire, une fureur, qui en déshonorant à jamais le nom françois, va les engloutir sous les ruines de la France? De tels hommes pouvoient-ils créer de sages lois? pouvoient-ils se faire une constitution fondée sur les bases éternelles de la justice et de l'humanité? sur les droits et le bonheur de chaque individu? Appartient-il à des hommes, les plus corrompus du globe, de vouloir être libres? Ah! ils n'ont voulu l'être, que pour plonger dans le plus affreux esclavage leur malheureuse patrie.

Mais dans quelle apathie mortelle sont donc plongés les citoyens honnêtes de ce déplorable pays, et ceux dont l'ame et le génie pourroient conjurer l'orage? Ah! leur fatale léthargie ne présage que trop les funestes destinées de la France. Quel sort étonnant et terrible! quelle leçon pour l'univers!

Si les auteurs de cette étonnante révolution eussent été des hommes raisonnables et des gens de bien, et non des hommes d'esprit et des êtres pervers; si la raison, la vertu, l'amour de l'humanité eussent présidé à leurs desseins, et en eussent été le but; par sa régénération la France se fût couverte de gloire, et l'Europe gémissant, ainsi qu'elle, sous le poids de ses chaînes, eût adopté son régime et ses lois, comme elle prit ses mœurs, son costume et son langage. Mais au lieu de ce rôle grand et sublime, les passions les plus viles, les vices les plus odieux la dominent, et lui ont inspiré à la place des lois, un régime monstrueux, également opposé à l'état naturel et à l'état social, et qui a amené chez les François l'anarchie, la confusion, le cahos, et enfin l'état barbare accompagné d'horreurs inconnues à la barbarie même. Hélas! les nations sont donc frappées de folie, et tombent dans les mêmes égaremens que les individus? Ah! malheureuse espèce humaine! que tu es foible et impuissante contre les vices et les passions!

Mais où m'entraîne encore ma sombre misanthropie? Eh quoi! chère amie, au lieu de vous dire des choses sensibles, agréables, (et j'en aurois tant à vous dire), je vous promène tristement avec moi sur les ruines de la France? Je vous parle d'hommes pervers, lorsque mon cœur est plein de vous? Je vous entretiens de leurs vices, de leurs folies, quand j'aurois à vous peindre des sentimens et des vertus aimables? Ah! vous le voyez, ma douleur m'égare. Maîtresse depuis long-temps de mon ame, elle s'y est établie, et vient se mêler sans cesse aux instans de douceur que je pourrois goûter encore. On diroit que, jalouse même de l'amitié, elle veut seule régner sur mon être.

LETTRE LX.

A madame la baronne de . . . . à Ratisbonne.

De Vienne, le 25 octobre 1792.

Où êtes-vous? Vous ai-je aussi perdue? Se peut-il que je sois depuis si long-temps dans les ténèbres sur le compte d'une personne dont les vertus aimables et solides rendent notre liaison si nécessaire à mon bonheur? Je demande de vos nouvelles à ciel et terre, à tout ce que je vois, à tout ce que je rencontre; et tout ne me répond que par un silence désolant. Si je ne connoissois votre cœur, votre esprit, je pourrois craindre que l'absence n'eût fait sur vous et sur une amitié naissante ses effets ordinaires; mais non, votre ame n'est point de cette trempe fragile, et je chasse cette pensée lorsqu'elle approche de moi. Cependant j'éprouve toutes les craintes, toutes les inquiétudes qui accompagnent une vive amitié; et rassurée sur votre cœur, je ne le suis point sur votre personne. Mille idées, mille rêves, mille chimères me passent, me repassent tour-à-tour dans la tête, et tout cela descend au cœur

et lui fait grand mal. Enfin vous me faites sentir, que si on est heureux en ai-
mant, on l'est encore davantage en n'ai-
mant pas.

Ecoutez le tour que m'a joué mon
étoile, que je trouve et qui me trouve par
tout. L'été dernier j'écris à la baronne de
Berlepch; je lui demande avec instance de
vos nouvelles, et d'abord; je lui adresse
en même temps une lettre pour madame
la landgrave régnante. J'attends un mois,
deux mois, trois mois, soupirant, m'impa-
tientant, me dépitant: point de réponse.
Je me lamente; je fais des réflexions tristes
et philosophiques sur l'indifférence et l'oubli auxquels sont condamnés les êtres malheureux. Je veux plus que jamais renoncer à l'espèce humaine, vivre dans un désert pour ne plus voir face d'homme. Enfin, me voilà brouillée avec le monde entier. Au milieu de cette misanthropie, je
reçois un paquet; je l'ouvre, c'est mon paquet
à la baronne qui me revient; et pourquoi?
parce qu'un malheureux émigré de cette
malheureuse France s'étant chargé de le re-
mettre à son adresse, en passant à Cassel, avoit
pris une autre route en oubliant tout uni-

ment mon paquet pendant trois mois dans sa malle. Voilà comme vont mille choses en ce monde, et comme le hasard fait souvent tant de mal, et si peu de bien.

Que vous dirai-je de moi? Ma destinée ne change point: cessez, cessez de vous intéresser à un être repoussé par la fortune; elle ne veut point de moi, je le vois, je l'éprouve dans la grande affaire *) que je traite ici, dans tout ce que mon étoile et les hommes m'ont fait rencontrer pour en arrêter le cours et la conclusion. Vous le savez, après avoir triomphé avec tant de peine et de courage des ennemis de cette cause, c'est-à-dire des ennemis de la justice; après avoir porté à cet égard la conviction dans l'ame de l'empereur, **) et lui avoir inspiré pour mon sort cet intérêt qui seul pouvoit le changer; voilà son départ, et une absence de huit mois. A son retour, où cet intérêt semble prendre quelqu'énergie, il repart de nouveau pour l'Italie, en me promettant à son retour une conclusion favorable. Il revient, et à l'ins-

*) Voyez la note p. 176.

**) Léopold II.

tant où je vais enfin triompher et du sort et des hommes, sa mort, comme un coup de foudre, vient renverser toutes mes espérances. Deux mois après, cette mort inexorable vient encore m'enlever dans son épouse une puissante protectrice. Aujourd'hui que le jeune monarque qui leur succède, vient de confirmer solennellement à son élection les mêmes sermens, les mêmes promesses de son père à l'égard de l'affaire en question, voilà son départ, et trois couronnes *) qui tombent sur sa tête pour contrarier la mienne.

C'est ainsi, chère amie, que depuis deux ans la fortune se joue de moi par toutes les combinaisons de ses caprices les plus bizarres; et c'est ainsi que dans la vie il faut lutter sans cesse contre le sort et les hommes, et être tour-à-tour le jouet de l'un et la victime des autres. Tel est le monde que nous habitons! Il faut espérer que l'autre vaudra mieux; car sans cela nous aurions fait une grande sottise de naître.

*) François II reçut presque en même temps la couronne impériale, celle de Hongrie et celle de Bohême.

Enfin, si j'obtiens ce repos que j'implore, je l'aurai acquis au prix d'une vie qui ne m'est plus rien. Ah! que ne puis-je en consacrer le reste à des choses qui ne meurent point, et la terminer au sein d'une solitude champêtre, où le nom d'homme ne retentiroit plus à mon oreille. Là, mon ame, libre et paisible, s'élèvera vers sa source, et se rendra digne de la vertu qui veut le calme et la paix, et ne peut résider dans une ame en proie à l'agitation. Telle est la mort qui doit terminer une vie orageuse.

Pardon, chère amie, si je vous accable par de si tristes réflexions, si je verse dans votre ame sensible cette douleur qui est devenue l'élément de la mienne. C'est l'épanchement, c'est l'abandon d'une ame malade; accordez-lui donc un peu de cette indulgence que l'on a pour un être souffrant.

LETTRE LXI.

A madame la comtesse de . . . . à Berlin.

De Vienne, le 6 novembre 1792.

Ah! chère comtesse! avec quelle joie j'ai reçu votre lettre! Avec quelle émotion, quel plaisir je l'ai lue, relue! Comme elle a fait diversion à mes peines! Vous eussiez dit en me voyant, que j'étois l'être le plus heureux qui existe, tant la joie est près de la tristesse. En vous lisant, tout m'a charmé; les témoignages de votre amitié, la manière sensible et délicate dont vous l'exprimez; votre ame qui s'y montre sous un aspect si aimable; votre voix, vos accens que j'ai cru entendre; enfin, je vous ai vue, et c'est vous-même qui m'avez peint vos sentimens. Combien ne suis-je pas touchée aussi de l'intérét que votre délicieuse cour prend à mon sort! Que ne dois-je pas surtout à cette auguste princesse *) de tout ce que son cœur lui a inspiré pour détourner l'influence de mon étoile! Il faut une ame grande pour sentir toutes les nuances des peines dont on est

*) Madame la princesse Ferdinand de Prusse.

si l. ir. La nature fut bien d'accord avec la fortune, lorsqu'avec la splendeur du rang, elle lui donna une ame analogue. Elle sera donc mon ange tutélaire? Ah! la reconnoissance est un sentiment bien doux et bien facile, lorsqu'il se trouve uni au penchant du cœur.

Mon attachement pour elle me met dans l'alarme sur le sort des princes de son sang, qui exposent en ce moment au souffle impur d'une affreuse tempête des lauriers naturalisés avec le sang de Brandebourg. Je crains surtout pour votre roi, que j'aimerois naturellement s'il n'étoit pas roi. Le cœur, vous le savez, veut aimer à sa manière; et le moyen d'aimer ainsi les rois! Mais, entendons-nous; j'aimerois son ame, dont en le regardant on ne sauroit méconnoître la droiture et la bonté; j'aimerois son esprit, très-aimable lorsqu'il ne s'en défie pas; j'aimerois enfin en lui tout ce que la raison peut permettre d'aimer. En vérité, je tremble en le voyant sur ce théâtre orageux, où se préparent les plus funestes catastrophes.

Quelle guerre! quelle guerre! Les annales du monde n'en offrent pas une semblable, ni de si terribles événemens! Quel phénomène moral que celui de vingt-cinq millions d'hommes, dont une partie est livrée à une frénésie effrayante, et l'autre plongée dans une léthargie mortelle! Quel tableau que celui de la France se débattant ainsi dans d'horribles convulsions! que celui de l'Europe en feu ébranlée dans ses fondemens! Au milieu de ce spectacle, le concert des rois contre ces nouveaux Titans est la seule scène de cette tragédie, sur laquelle les yeux et le cœur puissent se reposer. *) Cette union mémorable est vraiment un chef-d'œuvre de politique; et c'est peut-être la première fois que la politique se trouve d'accord avec la justice et l'humanité.

L'astre qui plane si tristement sur notre malheureux globe, et qui y amène des événemens si étonnans et si terribles, disparoîtra peut-être; et sa fuite, en dissipant l'orage qui nous environne, nous ren-

*) Lorsque ceci a été écrit, ce concert sembloit exister pour le bonheur du genre humain. Mais on a vu depuis, qu'un tel dévouement ne pouvoit être la vertu du dix-huitième siècle.

dra un ciel calme et serein. Mais, hélas! la perversité des hommes parvenue au comble, le renversement de toutes les lois divines et humaines, les convulsions violentes qui agitent notre hémisphère; tout semble présager que d'horribles ténèbres vont envelopper l'univers et les crimes des hommes qui l'habitent.

Je vous dirai alors, chère comtesse, comme les amans: Patience! je meurs avec vous! Croyez pourtant que l'attachement que je vous ai voué, sera le même dans l'autre vie, car j'y conserverai mon cœur qui est la seule chose que j'aye de bon.

Adieu, écrivez-moi, puisque vous avez tant de choses à me dire qui intéressent mon ame, soit en me parlant de vous ou de cette cour dont j'aime quelques individus; non comme on aime à la cour, mais aux champs.

LETTRE LXII.

Au duc de Brunswick - Oels en lui en-
voyant son ouvrage.

De Vienne, le 10 novembre 1792.

Voilà, prince, un écrit qui a besoin de votre indulgence. L'auteur craint fort qu'en le lisant, vous ne soyez fâché de l'avoir désiré. Vous m'avez écrit, dites-vous, au sein de l'orage; mais vos pensées et votre style ont cette vivacité, cette grâce, que donnent un ciel pur et brillant.

Vous me faites beaucoup d'honneur en me comparant à Minerve. Je n'ai ni sa sagesse ni ses talens; j'ai seulement un peu de son courage. Je voudrois bien avoir aussi sa puissance, et faire sortir, comme elle, en ce moment, un olivier de terre, en signe de la paix que je désire ardemment. Je n'aime point la guerre; c'est un état violent, également ennemi des hommes et de la nature, et qui, en détruisant tout, enlève encore à la société ceux qui, comme vous, en font le charme et l'ornement.

LETTRE LXIII.

A madame la comtesse de . . . . à Berlin.

De Vienne, le 16 février 1793.

Semblable à une statue sans mouvement et sans vie, je conserve l'attitude de l'épouvante et de l'étonnement, où m'ont laissée les scènes d'horreur qui fixent l'attention de l'univers. Ces scènes, qui en couvrant la nature et l'humanité d'un crépe sombre et lugubre, en désolant, en déchirant tous les cœurs, en faisant couler tant de pleurs et tant de sang, déshonorent à jamais l'espèce humaine; cette affreuse tragédie, dont malgré la catastrophe. *) qui vient de nous frapper, la toile ne tombe point encore, et tient l'Europe dans la stupeur et l'effroi; ce grand et terrible spectacle de tant de maux, m'a presque fait perdre le sentiment des miens. Oui, chère amie, je disparois, je ne m'aperçois plus au milieu de cette ténébreuse tempête, et mes craintes et mes larmes ne sont plus pour moi. Eh! comment penser à soi quand l'univers s'ébran-

*) Celle du roi de France.

le, quand le ciel indigné le menace, quand la nature et l'humanité sont aux prises avec le crime, et que tout semble annoncer la mort et l'anéantissement. Oui, n'en doutons point, l'univers va changer de face; les convulsions morales qui l'agitent, amèneront bientôt une catastrophe physique; le monde coupable périra, et l'âge d'or reparoîtra peut-être encore. Mais enveloppées dans ce désastre, nous ne verrons point cet âge d'or si désiré. N'importe; oublions-nous nous-mêmes; consentons à être emportés par la tempête, pourvu que le bonheur et la vertu renaissent sur la terre. Hélas! chère amie, c'est par la destruction du monde que je cherche à me distraire de ses forfaits!

Vous connoissez mes pensées et mes sentimens sur les principes et les systèmes des François; sur cette absurde constitution, enfant du délire, monstre politique; sur cette liberté, cette égalité chimériques, *) qui, malgré tous les efforts d'une astuce profonde, n'ont pu devenir ni

*) Les bonnes têtes de la France ont bien senti depuis,
que l'inégalité absolue n'est qu'un être de raison, chez

l'une ni l'autre, et qui ne peuvent exister que sur une terre naissante, encore dans l'innocence, et non sur un sol décrépit et pervers. *La place naturelle de la vertu,* dit l'immortel Montesquieu, *est auprès de la liberté; mais elle ne se trouve pas plus auprès de la liberté extrême qu'auprès de la servitude.*

Cependant l'Europe consternée attend son sort dans un morne silence. Les trônes chancellent, les rois et les peuples marchent de concert, et vont à la mort. Mais contre qui marchent donc tant de rois, tant de nations diverses? Contre une multitude effrénée, qui n'a d'autre discipline que la fureur, d'autre mobile que le désespoir, et qui avec de tels agens répand la terreur, l'effroi, et triomphe.

O foiblesse! ô vicissitudes! ô néant de la vie! Inconcevable humanité! Voilà le tableau que présente l'Europe en ce moment. Puisse le calme et la paix renaître du sein du trouble et de la discorde! Vaine espérance! Hélas! il n'est plus temps, non il n'est plus temps. Les remèdes

une nation riche, civilisée et corrompue; et cependant que de sang a fait répandre cette erreur impolitique!

tardifs et mal-administrés augmentent le mal et l'irritent. Déjà une épidémie morale a gagné tous les peuples; les empires en sont atteints; des germes destructeurs naissent, croissent, se propagent; l'univers touche à sa fin. Ah! pour prévenir un tel désastre, falloit-il attendre dans une dangereuse sécurité, que cette contagion, qui déjà s'annonçoit par tant de symptômes effrayans, eût porté par tout ses ravages? N'étoit-ce pas alors qu'il falloit l'arrêter dans son foyer? étouffer tout germe d'une fécondité funeste sur cette terre qui enfantoit tous les vices, qui légitimoit tous les crimes, et qui, devenue maîtresse du monde par l'opinion, comme Rome jadis par la force, pouvoit les propager à son gré?

Déjà son influence avoit corrompu l'Europe par son luxe frivole, par ses mœurs dangereuses, par l'amorce perfide et séductrice de tous les vices. Déjà une philosophie destructive de toute morale, de toute vertu, par conséquent de tout bonheur, s'étoit répandue de cette ville dans toutes les autres; et à la faveur du nom imposant de philosophie, ces systèmes n'avoient fait que trop de prosélytes.

Aujourd'hui même, l'Europe ne fût-elle pas devenue le théâtre général du drame sanglant qui l'occupe, si l'horreur d'un tel spectacle n'eût fait craindre les complices d'en devenir les victimes? Ah! un tel aveuglement de la part de l'homme sur sa perversité, sur l'abyme qu'elle lui prépare, n'annonce-t-il pas ses tristes destinées?

Rois et nations de la terre, où vous conduit un aveugle désespoir? Arrêtez, arrêtez! Il n'est plus temps. Vainqueurs, un despotisme vengeur accablera l'humanité de ses chaînes: vaincus, l'Europe deviendra captive d'un seul peuple. Dans ces deux extrémités, l'esclavage est le sort de l'univers. Ah puisque la victoire, comme la défaite, doit faire le malheur du genre humain; revenez sur vos pas, et que les désastres qui désolent l'humanité, vous apprennent enfin à gouverner les hommes.

LETTRE LXIV.

A la même.

De Vienne, le 14 mai 1793.

Que faites-vous? comment vivez-vous? me dit le commencement de votre lettre. Ah! que ne puis-je vous dire comme les Italiens: *bella cosa far niente!* Je ne fais donc que des choses tristes, et je vis dans les bois. Oui, c'est dans les bois que je me réfugie, lorsque les orages qui me poursuivent et les affaires qui m'accablent, me laissent quelques instans de relâche. *Ah! cette femme est perdue!* dites-vous, *elle aggrave ses maux dans d'affreuses solitudes! Elle périra, ou finira par s'enterrer toute vive dans l'antre des Cyclopes!* Soyez tranquille, chère amie; il me reste encore un peu de force, et je m'en sers pour ne pas mourir. Ainsi ces bois qui vous effarouchent, sont ici un spectacle si brillant et si animé, que les beautés, les charmes de la nature sont les choses que l'on y cherche le moins; excepté moi, ame qui vive n'y pense. On se rend là, comme au spectacle, et on y en trouve cent divers.

224

Vous m'avez suivie à l'*Augarten ;* nous y avons rêvé, pensé, philosophé sans gêne et sans contrainte ; vous y avez admiré avec moi les traits mâles, fiers et hardis de la nature sauvage ; vous l'avez vue sublime et riante tout à la fois. Vous y étiez belle et sans parure comme elle ; mais ici votre beauté, vos grâces modestes ne suffisent point ; l'air de ces bois veut et respire la coquetterie et tout l'art dont elle se sert pour plaire, séduire et tromper. Tant pis pour vous, madame, si vous n'êtes pas coquette. Il faudra bien le devenir au *Prater*.

Métamorphosez - vous donc, aimable comtesse ; parez-vous ; que tout ce que la mode a de plus galant, de plus léger, fasse partie de vous-même. Quittez ce maintien de Minerve ; prenez celui d'Aglaé, et entrez ainsi au *Prater*. Venez, venez, vous dis-je ; que ce changement de vous-même ne vous effarouche point. Vous ne voulez point de ce déguisement ? de ce mensonge ? Vous ne voulez ni coquetterie, ni frivolité dans un bois ? Vous n'y cherchez que la nature et le silence ? Eh bien, n'y venez pas, et laissez-moi vous y promener en idée.

Nous y arriverons par une belle allée, longue d'une lieue, qui partage la forêt. Cette forêt présente d'un côté l'aspect d'un village, et tel à-peu-près que mon imagination ou ma sensibilité m'a souvent fait créer les villes, pour y conserver les charmes de la nature champêtre et le bonheur qui les accompagne. Les maisonnettes ou cabanes qui composent cette espèce de village, sont éparses dans le bois. On y trouve des cafés turcs, chinois, italiens, anglois; des salles de bal, de billard; tout cela peint et décoré à merveilles. Ni bergers ni pasteurs dans ce village; les habitans sont cafetiers, limonadiers, confiseurs, traiteurs, musiciens, danseurs, joueurs de gobelets, et mille autres choses semblables. C'est donc là, dans un certain endroit privilégié de ce bois, sous ses ombrages frais, sur ses vertes prairies, que tout ce qu'il y a ici de grand et de petit, de joli et de laid, d'élégant et de maussade, de coquettes et de prudes, vient en foule se promener. Princes, bourgeois, grisettes, moines et militaires, tout y est mêlé, confondu; et la cour elle-même vient s'y humaniser. Au soleil couchant, c'est le théâtre des jolies femmes; tout ce que le désir de plaire peut inspirer pour fasciner les yeux, séduire l'imagination, flatter les sens, se trouve en elles ou dans ce qui n'est pas elles. Mais croyez-vous que la promenade, la coquetterie, la galanterie soient le seul but de tout ce monde-là? O vous ne connoissez pas l'appétit des Viennois; et ce sot proverbe qui dit: *Vive l'amour pourvu que je dîne!* leur appartient. Si la révolution qui menace l'Europe, arrive à Vienne, elle cessera certainement à l'heure du dîner. Toutes ces cabanes sont donc autant de temples dédiés à la bonne chère, où l'on fait continuellement des sacrifices à l'appétit, ou plutôt des hécatombes, car on y dévore en un clin-d'œil cent bœufs et cent moutons.

Le bois et les prairies sont remplis de ces repas. On voit des tables par tout, des valets allans et venans. Vous diriez que c'est un banquet général, et Bacchus y est surtout de la fête. La bonne compagnie n'y prend alors que des glaces et du café à la crème; mais avant et après la promenade elle y fait aussi ses repas. Les baladins, marchands de nouveautés, de colifichets, viennent offrir aux convives leur industrie et leurs talens; les échos d'alentour répètent par tout les sons du cors, de la flûte et des autres instrumens qui en charmant l'oreille éguisent l'appétit. En vérité, ce bois semble frappé de la baguette magique, tant les plaisirs s'y renouvellent et s'y multiplient.

Pendant qu'on mange, qu'on boit, qu'on se promène, qu'on joue, qu'on folâtre, des milliers de carrosses promènent leur luxe et leur élégante nouveauté dans la grande allée par où nous sommes entrés dans ce bois. Les diables, les cabriolets, les whiskys aériens, semblables au char de Phaëton, vont comme lui se précipiter dans leurs courses rapides et insensées. Les chevaux barbes, anglois, espagnols, fiers de leur beauté, et plus encore de celles qu'ils portent, semblent enlever leur proie dans les airs. Tous ces êtres mouvans et légers vont, viennent et volent à travers la forêt dans cette grande allée qui ne les quitte qu'au pavillon appelé le *Lusthaus* *)

*) Lieu de plaisance.

et qui est le but de cette course. Là, on trouve le Danube; sur ses bords, un cours planté d'arbres; et dans chaque allée des avenues de la forêt, des perspectives ingénieusement ménagées, qui vous présentent des hameaux, des parties de la ville, la rivière et la montagne. C'est là que je vous laisse sans vous quitter, et si cette longue course vous a donné appétit, entrez dans ce pavillon, et vous trouverez de quoi le satisfaire, fût-il aussi dévorant que celui des Viennois. Adieu.

LETTRE LXV.

En répondant à une personne qui lui avoit envoyé un dessein représentant un chêne entrelassé de lierre avec des roses naissantes au pied.

De Vienne, le 15 juin 1793.

Que ne puis-je, à l'ombre de ce chêne superbe, oublier mes ennuis au sein de l'amitié! Que ne puis-je, comme ce lierre, attacher mon ame à une ame aimante, et trouver dans ce doux sentiment, au lieu des épines de la vie, les fleurs dont il sait l'embellir. Mais, hélas! les tempêtes de l'ame fânent ces fleurs du sentiment, et la dégoûtent d'aimer. Rassurez-vous donc, pas le moindre danger pour vous: vos craintes, croyez-moi, ne sont que des frayeurs paniques; l'enfant malin qui les excite, ne prend naissance qu'au sein des ris et des jeux; il a besoin, pour séduire et tromper, des apparences du plaisir; et un cœur blessé par de vives douleurs pourroit-il le faire appréhender et le craindre?

LETTRE LXVI.

A madame la comtesse de . . . . à Berlin.

De Vienne, le 18 août 1793.

Que pensez-vous de l'héroïne qui vient de paroître sur la scène du monde? Voilà le seul grand personnage qui ait figuré dans cette étonnante révolution. Ces tempêtes politiques, qui sont ordinairement les saisons des grands hommes, ont été ici bien stériles en ce genre. C'est une tragédie sans héros. L'héroïne Corday excite le premier instant d'admiration; son dessein, l'enthousiasme qui le conçoit, l'intrépidité qui l'exécute; le courage héroïque qui lui fait braver la mort; son sang-froid à l'aspect de son supplice; son noble dédain envers ses assassins; les traits profonds de son génie; les saillies piquantes, même agréables de son esprit dans ce moment terrible; enfin, cet abandon, cette abnégation de soi-même; ce calme imperturbable qui ne la quitte point, sont au dessus de la nature humaine, et ne peuvent appartenir qu'à un de ces êtres qui forment une classe à part, et que la passion de l'immortalité domine.

Voilà le vrai Brutus! Ici, un enthousiasme divin, le saint amour de l'humanité, l'aspect de la patrie déchirée, noyée dans le sang, et expirante dans les angoisses de la mort, arment une main héroïque du poignard, qui frappe, qui? une bête féroce qui ne s'alimente que du sang de ses semblables, et qui tue, dévore, tout ce qui s'offre à elle. Brutus, au contraire, arrache la vie au plus grand des mortels, au seul homme digne peut-être de régner sur les hommes. Et puisque Rome, alors lâche et foible, vouloit un maître, qui mieux que César pouvoit le devenir? Brutus, pour rendre la liberté à sa patrie, porte le poignard dans le sein de César; de César, qui l'avoit adopté, dont il étoit l'héritier, peut-être le fils! Mais est-ce par le plus grand des crimes, par un parricide, qu'on peut aller à la liberté? La nature, la vertu, et l'humanité ne sont-elles pas avant et au dessus de la patrie? Ah! que devient-elle sans les liens sacrés qui la forment et qui la rendent chère? Ainsi l'action de

Brutus porte tous les caractères d'une lâche et noire perfidie.

Ne comparons donc qu'à elle-même l'héroïne Corday. C'est elle qui est vraiment animée de l'amour de la patrie et de l'humanité, et qui leur rend un vrai culte en se dévouant pour elles lorsque la loi ne parloit plus. Mais cette action héroïque est encore trop près de nous. La foiblesse de nos sens se trouve éblouïe par l'éclat qui les environne; les grands traits ont besoin d'un certain éloignement. Ce sera donc à la postérité à couronner cette femme extraordinaire.

LETTRE LXVII.

A madame de . . . . de Vienne.

A Schönbrun, près de Vienne,
le 20 octobre 1793.

J'ai songé cette nuit que vous dîniez avec moi. A mon réveil j'ai été bien piquée de me trouver sottement dans mon lit, et j'ai pensé, comme souvent, qu'il n'y a de bon en ce monde que les rêves, et de vrai pour nous que l'illusion. Venez donc aujourd'hui réaliser mon songe. Les momens qui m'appartiennent encore, s'envolent, et la douleur de les voir s'échapper les rend plus rapides. Hélas! le bonheur, le plaisir ne sont donc que des rêves? il n'y a donc de réel que la peine et la douleur? Venez, venez donner le démenti à la fin de ce billet.

LETTRE LXVIII.

A madame la comtesse .de .... à Berlin.

De Vienne, le 10 janvier 1794.

Quel spectacle que celui d'un peuple éperdu, fuyant les fureurs de la vengeance, et couvrant les mers dans sa fuite précipitée, abandonnant biens, richesses, trésors, sur un rivage désolé et ensanglanté. Quel trait héroïque que celui des Anglois, qui n'ayant pu sauver de sa ruine une malheureuse ville, *) en emportent les habitans à travers les mers, et dont la sublime humanité va chercher dans le lit de mort cinq mille malades et mourans, pour sauver leurs derniers instans du fer homicide. Illustre défaite, bien au dessus des plus grandes victoires! Si cette nation magnanime **) ne s'étoit déjà couverte de

---

*) Toulon.

**) On n'entend parler ici que de la nation angloise en masse, et non de ceux qui la mènent aujourd'hui, et qui en aggravant les malheurs de l'Europe et les maux de l'humanité, entraînent leur patrie dans les mêmes désastres.

gloire par sa bienfaisance envers les victimes de cette révolution, cet événement l'eût seul immortalisée.

Quel contraste entre ces hommes, dont l'humanité, la grandeur d'ame vont jusqu'à l'héroïsme, et ceux qui ne s'alimentent que de sang et de carnage, et qui dans un siècle éclairé et pacifique, renouvellent les horreurs de ces siècles où un Tibère, un Caligula, un Néron outrageoient la nature et effrayoient l'univers! Jamais, non jamais les hommes n'arrivèrent à ce degré de perversité; jamais ils ne se montrèrent sous un aspect aussi hideux, aussi déshonorant. Non, l'histoire du monde connu ne présente point de tels hommes et de tels forfaits. Leur rage insensée s'étend au de-là même de la vie! *) la mort n'est point à l'abri de leurs fureurs! Ils violent son asyle sacré; ils vont la tourmenter dans la nuit des tombeaux, et persécutent les morts comme les vivans. O! comble d'horreurs et de folie! Dans leur délire atroce, dans leur audace sacrilége, ils attaquent le ciel même; et non

---

*) Qu'on se souvienne du décret lancé par le décemvir Robespierre qui détruit les sépultures.

contens de méconnoître l'auteur de la nature, ces bêtes féroces l'outragent . . . . . .
Disparoissent à jamais de la surface de la
terre, des monstres *) qui couvrent l'humanité d'un opprobre éternel, et dont l'é-
tonnante perversité jettera l'épouvante et
l'effroi sur les races futures!

*) Ces monstres ne sont plus, mais leur mort pourroit-
elle expier leurs crimes, et venger assez l'humanité?

LETTRE LXIX.

A la même, à Berlin.

De Vienne, le 12 avril 1794.

Que vous êtes aimable, de me charmer, de me consoler par les témoignages de votre amitié, de pénétrer mon ame de ce sentiment si précieux et si cher à un cœur que le malheur a isolé de toute affection douce, et que l'injustice des hommes met aux prises avec des passions qui n'honorent guère l'humanité. Telle est, hélas! ma destinée depuis long-temps. Vous vous récriez sur l'éternité de mon séjour à Vienne. Eh! consultez là dessus mon étoile et les hommes avec lesquels je lutte si douloureusement ici; ceux-ci se tairont, mais celle-là vous dira qu'ingénieuse à me tourmenter, elle a saisi aussi cette fatale guerre, la plus étrange, la plus extraordinaire qui ait eu lieu depuis la création du monde.

Que dites-vous donc de l'opiniâtreté de cette étoile? que dites-vous surtout des hommes qui la secondent si bien contre moi? Quel monde que celui où l'on nous a jetés! quels hommes que ceux qui l'habitent! quel siècle que ce dix-huitième siècle si brillant, si vanté! Avouez que la fortune se joue bien cruellement des honnêtes gens! Comme ils sont ballottés sur cette mer orageuse qu'agitent les passions et les vices, et où la vertu va s'abymer dans les flots du malheur! Oui, l'état présent est une tempête, où l'on n'existe qu'au milieu de vagues furieuses.

Que j'envie le sort des sauvages, si méprisés par ces nations civilisées qui se déchirent au sein de la politesse! Ces hommes de la nature vont au moins à la mort après avoir vécu; tandis que les hommes de la société ne font pendant tout le cours de leur vie que se préparer à vivre, et arrivent ainsi à leur terme, dupes et malheureux.

Toutes ces réflexions ne me corrigent guères, et en dépit de ma philosophie je cours après une aveugle divinité, arbitre des destinées, et qui sourit bien rarement à la vertu.

Mais les exemples, les événemens qui nous frappent, nous corrigent-ils? sont-ils pour nous une boussole? un préservatif contre les hommes, contre nous-mêmes? Regardez le tableau de l'Europe; vous y verrez que les hommes, grands et petits, sont aussi peu effrayés de la catastrophe qui les menace, aussi tranquilles sur le bord de l'abyme qui va les engloutir, que s'ils étoient à dix siècles de là. Non, ces grands événemens qui avertissent l'homme des effets funestes de ses passions et de ses vices, ne change rien en lui. Jetez un coup-d'œil sur le foyer d'où part l'incendie. Lorsque Paris fait horreur par ses forfaits, que le ciel même en pâlit; où se sauve-t-on? A l'opéra, aux Variétés amusantes? *) Lorsque la colère et la justice de l'être suprême se manifeste d'une manière si terrible et si frappante, et qu'elle est prête à fondre sur tous les empires; que font la plupart des dépositaires de leur sort? Ils jouent, ils dansent, ils chantent; ou bien, enfoncés dans le dédale ténébreux d'une fausse politique, ils combinent comment ils pourront faire tomber plus promptement cette France, qui, par sa chute, va tout anéantir. Observez ces

*) Petit spectacle des boulevards où l'on joue toutes sortes de farces.

demi-grands de la terre à l'instant où la subversion du plus grand des trônes leur montre leur frêle existence! Ont-ils renoncé à leur orgueil insolent? à cette hauteur repoussante et ridicule qui n'est que le masque de leur véritable petitesse?

Voyez aussi ces hommes subalternes nourris au sein du luxe et des voluptés, source de tous les maux qui nous accablent aujourd'hui! Lorsque la misère va devenir le sort de tous les hommes, ont-ils mis un frein à leur luxe inhumain? ont-ils abjuré leurs débauches révoltantes? Que dites-vous surtout des principaux agens de tant de désordres? Au milieu de la révolution qui les annulle à jamais, ont-ils moins d'arrogance dans ces antichambres où tout ce qui les environne les avertit de leur abaissement? sont-ils moins impudens, lorsque le masque de l'hypocrisie leur est arraché? ont-ils moins d'ambition, moins de cupidité, moins d'envie? déplorent-ils au moins la chute de leur maître qu'ils ont occasionée? Ne diroit-on pas au contraire, à les voir, que l'événement qui les détruit, est leur véritable triomphe?

Ainsi, par une conséquence de cette loi qui veut que les extrêmes se touchent, entre les courtisans et les jacobins les rapports sont frappans. Même cœur, même esprit, même goût, mêmes passions, même aversion pour la vertu, même penchant pour le vice, et, le croiroit-on? même haine contre les rois. Peut-il exister de ressemblance plus parfaite? Ne leur trouvez-vous pas cet air de famille qui annonce le même sang?

Croyez-moi, cette vieille Europe n'est qu'une nation d'enfans, qui, avec cette teinte de cruauté, naturelle à l'enfance, y joint encore ce levain pestilentiel de corruption, qu'une violente épidémie propage dans l'atmosphère que nous respirons.

O vertu! déplorable vertu! quel est ton sort au sein de tant de vices! Fuis, cours attendre ton siècle; il naîtra peut-être après la catastrophe qui nous menace.

LETTRE LXX.

A la même.

De Vienne, le 15 mai 1794.

Me promenant ce matin et réfléchissant sur les révolutions politiques, j'ai trouvé qu'elles ont dans leurs développemens et leurs explosions, certains rapports avec les révolutions physiques et morales.

A Naples, lorsque le Vésuve prépare ses feux, la nature étonnée d'elle - même semble s'arrêter dans son cours. Le soleil pâlit; l'air circule à peine; la terre mugissante devient stérile; la mer immobile; la verdure se fâne; les fleurs tombent sur leurs tiges; lesoiseaux s'abattent comme atteints de la flèche mortelle; le quadrupède ne fait plus que ramper; l'homme lui-même, accablé du poids de son existence, éprouve une terreur secrète. Tout enfin, dans la nature, présage la convulsion qui va l'agiter; tout prend l'image de la mort.

Tels sont à-peu-près les signes et les caractères d'une grande passion. L'ame, saisie par l'objet qui vient de la frapper, tombe dans cet étonnement et cette stupeur qui annonce la tempéte qui va la tourmenter. A cet état succèdent les troubles, les inquiétudes, les agitations, les rêveries, les saisissemens, les insomnies, les songes alarmans, et enfin le délire précédé souvent par ce calme apparent et trompeur, qui dissimule à l'ame son état et les dangers qui la menacent. *)

Ainsi s'annonce une révolution politique. Lorsque les passions et les vices qui la préparent et l'amènent, sont parvenus à leur comble, l'homme, dans ce désordre de lui - même, éprouve d'abord cet abattement, cette apathie mortelle, dernier degré de sa dépravation.

*) On m'accuse d'être le détracteur de l'amour. Je dois répondre à cette terrible imputation, ne fut-ce que pour appaiser les cœurs amoureux tous révoltés par là contre moi? .

En convenant donc que l'amour est le plus doux sentiment de la nature, on ne sauroit disconvenir que dans une ame honnête il ne fasse presque toujours une victime, et ne précipite souvent dans les excès les plus noirs, les plus détestables une ame foible et mal organisée.

L'amour est donc, et le plus délicieux, et le plus rédoutable des sentimens de l'ame.

Dégoûté de soi, ennemi de son espèce, de la nature entière, il en rompt tous les liens, en méconnoit l'auteur, cherche des changemens à une existence pénible et douloureuse, ou plutôt il cherche à sortir de cette existence. Il implore la mort, et l'idée du néant la lui fait redouter; il ne sait plus ni vivre ni mourir, et tombe enfin dans cette agonie morale, qui précède la frénésie et les convulsions de la mort.

Ainsi les grands mouvemens de la nature, ceux de l'ame, ceux de la société, ont à-peu-près les mêmes symptômes, les mêmes développemens, et le même terme.

LETTRE LXXI.

A monsieur de . . . à Londres.

De Vienne, le 18 juin 1794.

Non, la musique que vous me donnez pour recette, n'a plus d'attraits pour moi; vive et gaie, elle me contrarie et me dépite; pathétique et touchante, elle m'afflige et me fait mal. Je n'en fais donc plus, mais je la juge encore; ici elle est populaire, et plus encore qu'en Italie. La harpe, le violon, le clavecin, les instrumens à vent portent leurs sons jusque dans la chaumière.

Je suis surprise que sous un ciel si peu riant, si peu favorable aux impressions du plaisir, et par conséquent aux arts, ce peuple aime si passionnément la musique; mais quelle musique a-t-il, et peut-il avoir? L'art musical ayant des moyens plus abstraits que la peinture, ne pouvant saisir que des instans fugitifs, doit sans cesse avoir recours à l'imagination. Il exige donc une nature gracieuse et pittoresque, et des hommes heureusement organisés pour la rendre. Or un climat glacé, un ciel morne, une terre décolorée, enfin, une nature triste et monotone, l'engourdissement qu'elle produit sur les sens et sur l'imagination, cette espèce d'apathie à laquelle elle semble condamner les hommes, la roideur de leurs fibres, la rudesse de leurs organes, toutes ces causes ne sont-elles pas contraires à cette chaleur vivifiante, à cet enthousiasme créateur qui font des arts d'imitation les rivaux de la nature? Et des hommes ainsi organisés seroient-ils propres à cette musique imitatrice des mouvemens de l'ame, et qui ne peut être la production que de sens parfaits et d'êtres formés au sein d'une belle nature?

La musique, née des passions et des plaisirs, doit en être la peinture. Elle doit donc éprouver toutes les modifications qui se trouvent dans l'organisation et les affections des êtres des différens climats. Car enfin, la nature ne fait point chanter les oiseaux du nord comme ceux du midi. Les différences que le climat apporte dans leurs sensations, doivent se reproduire dans le langage qui en est l'expression;

ainsi ceux du nord auront, comme la nature, des tons mâles, forts et éclatans, mais sans délicatesse, sans coloris et sans nuances. Au contraire, c'est dans le chant des autres que l'on doit trouver ces inflexions douces et tendres, ces modulations délicates et variées, ces graduations imperceptibles, qui sont les nuances savantes de la nature, et l'expression fidelle des sensations et des passions particulières aux êtres de ces heureuses contrées.

La musique allemande ne peut donc pas être propre à la peinture des passions. Sa mélodie, privée de cette expression vive et touchante, ne sauroit atteindre ce beau pathétique, qui est par excellence l'éloquence du sentiment, et l'attrait le plus magique de cet art. Cette mélodie ne saura donc peindre que des passions sans enthousiasme, sans transport, sans délire; le dirai-je? des passions sans passions. Les Allemands n'auront donc qu'une musique purement harmonique, musique impuissante à rendre le langage de l'ame. Ainsi le veulent leur climat, leur organisation, leurs passions et leur langue.

Au reste, je ne connois point leur mélodie; je n'entends ici que le chant italien, dont la douceur, mêlée à l'aspérité des sons de la langue allemande, ne peut faire avec eux qu'un mélange bizarre, un contraste choquant, une partie du charme de la musique italienne prenant sa source dans l'harmonie du langage.

LETTRE LXXII.

Au même, à Londres.

De Vienne, le 10 juillet 1794.

Vous ne croyez donc pas que la musique sentimentale, la musique qui est l'écho des mouvemens de l'ame, soit un fruit privilégié de l'Italie? Vous voulez que la chaleur du sentiment et tout ce qu'elle produit, puisse naître au sein des glaces? Mais la nature ne le veut point.

Si la musique appartenant au pays des frimats et aux organes qu'il modifie, étoit susceptible de peindre, je vous le répète, ce ne seroient certainement pas les affections de l'ame, et encore moins le beau idéal, enfant de l'enthousiasme brûlant des sens du midi. Que peindra-t-elle donc? Des objets inanimés, étrangers à l'ame, des paysages déserts et sans vie, où l'on ne verra ni bergers ni troupeaux. Eh! qu'est-ce que les beaux-arts, si ce n'est la représentation de la nature en beau, et la peinture des passions? Leur but n'est-il pas de toucher, d'émouvoir l'ame par la puissance des sens, en y réfléchissant les objets de ses plaisirs et de ses affections? Or je défie les sens du Nord d'opérer de tels prodiges.

La nature, on le voit, n'a voulu être imitée et embellie que par les hommes nés dans les contrées qu'elle favorisa. N'en lit-on pas la preuve dans les chef-d'œuvres qu'enfantèrent les seuls Grecs et les seuls Italiens? On m'objectera peut-être quelques grands peintres, quelques grands musiciens, dont les productions savantes naquirent au sein des frimats. Mais n'est-ce pas dans la patrie des arts qu'ils se formèrent? Et cependant, combien l'influence impérieuse du climat qui les vit naître, ne se fait-elle pas sentir dans leurs productions, si on les place surtout à côté de nos chef-d'œuvres italiens? Celles du savant Gluck par exemple, ne sont-elles pas une preuve sensible de ce que j'avance? Quelle âpreté! quelle rudesse vient souvent, dans sa mélodie, heurter la fibre d'un cerveau du midi! Ce peintre des passions malheureuses sait, il est vrai, arriver à l'ame; mais c'est par la voie de la douleur; et s'il en peint quelquefois les tendres sentimens, les douces voluptés, c'est toujours d'un pinceau trempé dans les couleurs les plus sombres, et avec les traits les plus tristes. En exagérant toutes les sensations, tous les sentimens, en voulant émouvoir l'ame, en voulant l'attendrir, combien ne la déchire-t-il pas, et combien surtout n'enlaidit-il pas la nature en cherchant à l'imiter trop scrupuleusement? Tant il est vrai qu'on ne peut tenter cette imitation sans témérité, et qu'une copie trop exacte éloigneroit de la perfection! Non, le but des beaux-arts n'est pas la représentation servile et rigoureuse de la nature; cette imitation n'appartient point à l'homme; ses sens ne sauroient la rendre telle qu'elle est, sans en être blessés. Pour l'intéresser, la vérité a besoin d'être embellie à ses yeux; voilà ce qui créa le beau idéal chez les Grecs et chez les Italiens.

On me dira que la vérité est inaltérable. Je le sais: mais ce n'est point dans les beaux-arts. Eh! soyons vrais! Si on la montroit sans cesse à l'homme sans déguisement, outre qu'il seroit le plus malheureux des êtres, pourroit-il exister en société? Ecartons tout orgueil; convenons-en ; son bonheur, dans cet état, n'est presque toujours que dans l'illusion ; et c'est lorsqu'il la perd, qu'il perd le bonheur avec elle. Ainsi la vérité, que la foiblesse naturelle de son ame lui fait si souvent redouter, que seroit - elle pour ses sens, dont la subtilité et la délicatesse sont si propres à lui causer des émotions pénibles? Ce n'est donc qu'en les flattant qu'on peut les fixer sur l'imitation de la nature. Il faut donc l'embellir ; car je le répète, on ne pourroit l'imiter exactement, sans affecter désagréablement et l'ame et les sens.

Le Laocoon déchiré par des serpens, représenté fidellement d'après nature, seroit un objet affreux et révoltant ; on ne pourroit le fixer sans horreur, sans frémissement. Qu'on aille voir à Rome ce chef-d'œuvre de la Grèce, sur lequel l'ame ne s'attache d'une manière irrésistible que pour s'émouvoir et s'attendrir sans douleur !

Que d'inspirations sublimes puisent dans le beau idéal les artistes qui en sont enflammés ! Admirons-les surtout dans la beauté divinisée. L'Apollon du *Belvedere* est, il est vrai, la représentation d'une créature humaine; mais insensiblement en lui l'homme finit, et le dieu commence. Est-ce donc là l'imitation véritable de la nature? N'est-ce pas plutôt l'audace qui a voulu la surpasser? Voyez par quel prestige le beau idéal sait tromper l'ame, et déguiser aux sens les objets qui les blessent!

Jules Romain, dans je ne sais quel sujet, a besoin de faire apparoître la mort; et pour cacher son aspect hideux, nullement susceptible d'être embelli, il la fait apercevoir à travers les voiles sombres de la nuit. Gluck au contraire, dans Iphigénie, fait entendre, à l'instant du sacrifice, la cloche funèbre; imitation qui, en affligeant l'ame, choque les sens et le goût. Un Galuppi, un Jomelli, un Sacchini auroient par la science d'une mélodie touchante et plaintive, rendu les tendres gémissemens de l'ame; et au lieu de la tourmenter par des sons douloureux et des images funestes, ils y eussent porté l'attendrissement, ils auroient fait couler des pleurs qui sont pour elle une douce volupté.

Tel est ce beau idéal, ame et génie des beaux-arts, privilége accordé aux heureuses contrées dont je viens de parler, et qui devient, croyez-en la nature, un phénomène moral au sein des frimats et des glaces.

LETTRE LXXIII.

A madame la comtesse de .... à Berlin.

De Vienne, le 15 septembre 1794.

J'échappe aux bras de la mort. Vous êtes la sibylle qui me soutient et m'inspire, non à la descente des enfers, mais pour en sortir. Je me hâte de quitter un pays où l'on m'a fait vivre pendant quatre ans dans les angoisses d'une douloureuse agonie, pour me porter ensuite le coup fatal.

Juste ciel! quels hommes que ceux avec lesquels ma triste destinée me fait lutter en ce monde! Ah! dans les pays les plus barbares éprouverois-je un tel sort? Non, non: l'homme de la nature porte au fond de son cœur cette même justice dont les lois immuables régissent l'univers; cette justice, base de sa félicité sur la terre; et ce n'est que lorsqu'il s'éloigne de la nature, qu'il perd cette source de son bonheur. Funeste civilisation! sont-ce-là tes bienfaits? Mais quels sont donc les liens de l'homme social? quels sont les garans de sa sureté, de son bonheur, de sa vie, puisque la justice, la religion, l'humanité sont

256

presque nulles pour lui, et que dans ce siècle pervers il sait se faire des lois pour les violer toutes? Ah! que ne puis-je fuir à jamais cette espèce dégénérée! Oui, les forêts les plus sauvages, asyle des bêtes féroces, sont moins contraires à la vertu et au bonheur, que les sociétés d'hommes. C'est avec eux, c'est auprès d'eux que l'on trouve tous les maux et tous les dangers. Ce sont leurs passions qui sont féroces; les bêtes n'ont que l'instinct du besoin, et l'homme en société est méchant par instinct.

Ainsi, chère amie, mes espérances, mes seules espérances, hélas! de sortir de l'inconcevable situation où je me trouve, sont renversées, et me voilà replongée dans les mêmes perplexités, et exposée aux mêmes orages dont je me croyois à l'abri.

Cependant l'empereur ne peut m'abandonner à la situation déplorable où son décret rendu sur les réclamations de mon mari va me plonger. Les promesses des rois sont sacrées, puisque souvent leur violation est un arrêt de mort. Ce monarque ne peut donc annuller les promesses que me fit son père, quinze jours encore

avant sa mort. Promesses qu'il a confir-
mées lui-même, et dont la rétractation
seroit un coup mortel porté à ma vie,
puisqu'on m'ôteroit par là tout ce qui la
représente.

Non, l'empereur ne blessera point
ainsi, en ma personne, tout ce qu'il y a de
plus sacré parmi les hommes, et plus encore
parmi les rois. Il ne le peut, sans porter
atteinte à la justice, à l'humanité et à sa
propre gloire. Il ne le peut, et les vertus
religieuses et morales que pratique ce monarque, sont les garans du sort qu'il m'a
promis.

En recevant le fatal décret qui faillit
me donner une mort, qui eût été, hélas!
bien douce pour moi, j'écrivis à l'empereur. La douleur et le désespoir ont dicté
ce mémoire, qui est le vingt-cinquième que
j'ai écrit ici aux deux empereurs. Ce mémoire écrit des bords du tombeau, où je
parle sans voile, et avec la sincérité d'un
être mourant, a, dit-on, fait impression
sur l'ame de ce monarque. Mais on
s'est hâté d'effacer en lui ce mouvement

d'une bonne conscience. Triste exemple du pouvoir des alentours du trône! Cependant, comment résister à un tel écrit? comment ai-je pu résister moi-même à l'émotion violente, à la douleur profonde dont j'étois pénétrée en le traçant? comment mon ame déchirée à chaque mot, n'a-t-elle pas fait succomber un corps foible et mourant? Quelle force funeste vint donc en ce moment prolonger mes malheurs, lorsqu'un seul instant de foiblesse les eût terminés!

Enfin, j'attends avec le sang-froid d'une douleur qui m'ôte jusqu'au sentiment de mes maux, j'attends le sort que me préparent les hommes. Mais s'ils consomment aussi ma ruine, placée par là entre le désespoir et la mort, qui pourra arrêter mes gémissemens et mes cris? C'est alors que je parlerai sans voile; ah! il n'en faut plus lorsqu'on parle à la postérité.... Les ames les plus insensibles pourront-elles lire l'étrange histoire de mes malheurs, sans verser des larmes, sans estimer une victime et du sort et des hommes? Hélas! chère amie! cette idée

vient quelquefois adoucir mes amertumes,
et c'est ainsi que les ames sensibles et
malheureuses ne vivent que dans l'ave-
nir. Adieu.

AUX

LÉGISLATEURS FRANÇOIS.

1 7 9 6.

La scène change; la fureur succombant à ses excès, éteint ses torches, et jette ses poignards. Le sang a cessé de couler; l'ame frappée par de terribles coups, gémit et ne sanglote plus; le désespoir a fait place à l'espérance.

La propriété ne sera plus désormais celle du premier brigand; l'asyle paisible de l'habitant des campagnes ne sera plus violé; les châteaux et les villes ne seront plus livrés au pillage et à l'incendie; les temples ne deviendront plus le théâtre des orgies de la débauche; leurs prêtres ne seront plus massacrés au pied de leurs autels; le malheureux captif attendra dans son cachot l'arrêt de la loi, et ne sera pas poignardé avant qu'elle prononce; l'épouse, ô cruauté inouie! l'épouse mourante ne sera plus traînée au pied de l'échafaud, pour y voir expirer son malheureux époux;

le fils pour y assister au supplice de son père et de sa mère; la mort enfin ne sera plus troublée dans le silence des tombeaux.

L'univers plongé dans un morne abattement, lève des yeux humides, voit la tempête s'éloigner, et s'écrie: O vous! législateurs françois! contemplez le ravage, la désolation et le deuil qu'ont répandu sur la terre le délire et le crime. Frémissez à ce terrible spectacle; et si le plus beau, si le plus grand rôle qu'ayent pu jouer les hommes sur la scène du monde vous touche, une gloire immortelle deviendra votre partage, et l'humanité entière vous devra son salut. Maîtres du monde, par l'opinion, devenez-en les bienfaiteurs; éclairés par le malheur, ramenés désormais à la vertu par l'excès et l'horreur du crime, faites-la renaître sur la terre, et par votre régénération régénérez l'univers.

Fermez vos livres, ouvrez celui de la nature, et puisez-y vos lois. Celles des hommes, créées au sein de la corruption, ne sauroient convenir à votre état présent.

Recourez donc à celles de la nature, également propres aux nations jeunes et innocentes, et aux nations vieilles et corrompues. Les unes y puisent la force et la virilité, les autres la santé et la vie.

Revenez à elles, si vous voulez sortir de cet état d'angoisse où vous plonge l'abandon de ces lois augustes. Redevenez pères, fils, époux. Proscrivez à jamais ces lois désolantes qu'enfantèrent la licence et l'anarchie; lois barbares et parricides, qui en arrachant l'enfant à la mère, le père au fils, l'épouse à l'époux, brisent les liens de la nature, ceux de la société, et ne font plus du mariage, sur lequel est appuyé tout l'édifice social, qu'une convention d'adultère.

Législateurs! portez tous vos regards sur les mœurs conjugales. C'est du mépris, c'est de la violation des devoirs de cet état que naissent ces maladies politiques et contagieuses qui ravagent, désolent les empires, et y portent la destruction et la mort.

Atteints de ces affreuses maladies, vous allez succomber à cet état violent, si par

un effort sublime, vous ne faites circuler
dans vos veines le baume salutaire des
bonnes mœurs. François! dans la révolution qui vous agite, vous ne montrâtes que
l'éclat des victoires; éclat passager, enfant
de l'orgueil, et sur lequel une grande nation ne peut fonder sa gloire. C'est la
pureté des mœurs, c'est l'austère vertu,
c'est la grandeur d'ame qu'elle inspire, qui
éternisèrent la gloire des Romains. C'est
cet instinct de grandeur, bien plus que
leurs conquêtes et leurs triomphes, qui, en
établissant l'opinion de leur supériorité
sur les autres peuples de la terre, leur
donna l'empire du monde et l'immortalité. Génie, esprit, talent, vous n'aurez
qu'un éclat passager, si vous n'êtes unis à
une ame élevée, ornée de la sagesse et de la
vertu. Mais de telles ames ne se forment
qu'au sein des mœurs et de l'innocence.

Législateurs! voulez-vous porter votre
nouvel empire à la gloire et au bonheur,
retournez à la nature, réconciliez-vous
avec elle et avec l'humanité. Fuyez, aban-
donnez à jamais cette ville dont l'air em-
pesté n'engendre plus que la corrup-

tion et le vice. Quittez cette scène de vos crimes, ce foyer de tous vos maux; et allez dans une terre pure, dans un climat inaccessible à la perversité, répandre un nouvel être, **une nouvelle vie!**

FIN.

TABLE
DES MATIÈRES.

TOME PREMIER.

TOME SECOND.

ERRATA.

PREMIER VOLUME.

Page **6.** ligne 10. *effacez* donc.

P. 20. l. 23. pónra *lisez* paura.

P. 35. l. 5. sa *l.* la.

P. 40. l. 22. de *l.* des.

P. 148. l. 20. *après* réalité *mettez deux points.*

P. 151. l. 18. mies *l.* ciel.

P. 155. l. 22. mon ame se ressent *l.* que je me ressens.

P. 202. l. 9. concerts *l.* concerto.

P. 230. l. 5. *ôtez* et *l.* elle a.

P. 241. l. 2. parées *l.* parés.

P. 242. l. 5. portent *l.* porte.

P. 274. l. 14. *l.* toujours injuste.

Ibidem. l. 18. l'orgueil *l.* le despotisme.

P. 279. l. 23. communiqùant *l.* communiquent.

P. 281. l. 10. *après* sacrifices *mettez deux points.*

Ibidem. l. 18. *après* ville *mettez un point.*

P. 286. l. 11. moulés *l.* moulée.

P. 295. l. 1. mars *l.* juillet.

SECOND VOLUME.

P. 3. l. 17. lui *l.* leur.

P. 63. *à la note* l. 5. ne *l.* n'y.

P. 65. l. 4. ame *l.* coeur.

P. 83. l. 1. l'originalité *l.* originalité.

P. 126. l. 3. présenté *l.* représenté.

P. 149. l. 9. habitans *l.* hommes.

P. 226. l. 19. remplies *l.* remplis.

P. 239. l. 10. change *l.* changent.